五花焉非馬

——中文不古板，
經典舊案翻一翻

作者／曾孟卓

序

　　我騎著五花馬，穿過桃花源，漫遊中國語文的花花世界……

　　即使經歷了二千五百年的文人洗禮，閱讀中文還是會有很多有趣的新發現。

　　是的，此書旨在啟發，重點在於有趣。

　　凡自發性學習最好先從覺得有趣開始。記得小時候只因長輩和朋友介紹了幾篇好作品，從此就愛上中文了。即使一路讀到現在，還是其樂無窮。

　　如果你也能輕輕鬆鬆讀得懂了，就帶領下一代的孩子也好好學一點中文，並從中發掘出趣味。

　　祝

　　展卷愉快！

　　　　　　　　　　　　　　　　曾孟卓

　　　　　　　　　　　　　　　二零二一年　春

目 錄

第1講　五花馬

　　早上六點出門，跟朋友和他兒子去河濱公園的草坪踢足球。樂而忘返，眨眼已近中午，就近去內湖堤頂的「五花馬水餃館」吃水餃。

　　小孩才五歲，天真活潑，聰明伶俐。他張著好奇的眼睛掃視四周，忽然問：「什麼是五花馬？可以吃的嗎？」

　　五花馬又不是五花肉，怎麼能吃？我正想解釋，卻被老友攔阻。他跟兒子說：「回家我們查字典去。」

　　我想說：字典詞典應該都沒有「五花馬」這東西……不過慎重起見，自己先偷偷用手機上網查看，結果前三頁都是「五花馬水餃館」的食評和廣告，這水餃店老闆應該花了不少錢在網路關鍵字廣告及社群行銷上吧。

　　「五花馬」最著名的典故是出自詩仙李白的名篇＜將進酒＞。

　　五花馬，千金裘，呼兒將出換美酒，與爾同銷萬古愁。

　　五花就是五花八門的五花，彩色繽紛之意，各種多樣的意思。

春秋戰國時代老子的＜道德經＞「**五色令人目盲，五音令人耳聾，五味令人口爽。**」這世上是不是只有五種顏色五種音階五種味道？當然不是。「五」只是泛指「很多」的意思。今天香港人仍流行喝五花茶消暑清熱，就不必追究五花是哪五種花了，五花只是多種多樣的花而已。

李白（701 年－ 762 年）生於盛唐，當時最名貴的流行當代藝術品之一是一種著色陶瓷，最常見的作品是彩色的馬。這種當代藝術只流行過一陣子，在唐玄宗開元天寶年間最盛行，至唐末已經式微。這東西明顯是個名貴的家居擺設，尋常老百姓未必會有。宋朝流行青瓷白瓷，上面不畫圖不著色，以素雅為妙。這種著色陶瓷銷聲匿跡失傳已久，直至 1905 年隴海鐵路洛陽段修築期間，在古都洛陽北邙山發現一批唐代墓葬，才知道有這麼一種藝術品流行於盛唐之間，學者把這類陶器統稱為「唐三彩」，至於在唐代這東西正式名字叫什麼，似乎還未有人真正考究出來。

＜將進酒＞中**五花馬**是與**千金裘**對仗，千金裘是什麼也不好找，唐杜秋娘（約 791 年—？）著名樂府七絕詩句＜金縷衣＞：

勸君莫惜金縷衣，勸君惜取少年時。
花開堪折直須折，莫待無花空折枝。

這金縷衣大概和千金裘是同一類東西，唐代有錢人家流行收藏之物。五花馬，千金裘，都是看似珍貴其實無用之物，拿去賣掉換成美酒繼續暢飲，同消萬古愁，才是盡興。這也承接了前二句「主人何為言少錢，徑須沽取與君酌。」李白這幾句大概就是這個意思。「五花馬」是仄平仄，「千金裘」是平平平，此處既對仗，也符合七言古詩句尾的常用押韻習慣。

後人對五花馬或有各種其他解釋，我認為此說其實最貼切。明清時期有人解讀＜將進酒＞時把「**五花馬**」解作雜毛馬，雜毛馬能賣多少錢換多少酒？與**千金裘**更無對稱價值，何足珍貴？雜毛馬是一匹馬，只能「牽出」，不能「將出」，而且人都已經在室內喝酒，馬應該都在外面，如何再把馬牽出去沽，再換酒來呢？古代交通工具只有馬匹，把馬賣掉，大家不要酒駕了，各自步行回家？

大學時期選修常宗豪老師的中文系選修科＜詩選＞，千盼萬盼，最後一課終於說到＜將進酒＞。只見他從頭到尾把詩吟唱了一次，當我們聽得悠然神往，還沒有回過神來之時，他已經把書收起。「天才！這就是天才！這篇有多好，還須要解釋嗎？」說畢，拂一下他的小唐裝袍角，揚長而去。

今天我忽然對五花馬有了新的推論，李白的＜將進酒＞就突然讀懂了。原來就是李白和幾個朋友一起喝酒，酒喝光了，錢沒有了，但李白這個酒鬼還想繼續喝下去，於是勸他的朋友們把值錢的東西都拿出來賣掉換酒。這詩的主旨就是勸**朋友賣物換酒繼續喝下去**：

＜將進酒＞（模擬劇場版）

場景：李白與幾個朋友圍著桌子吃飯，李白已經有幾分醉意，正是興高采烈之際，卻發現已經沒有酒了……

李白想了一想，就吟出了兩句詩，唸起來氣勢磅礴，聽得大家眼睛都呆了。

君不見黃河之水天上來，奔流到海不復回？

君不見高堂明鏡悲白髮，朝如青絲暮成雪？

李白：「兄弟們，你難道不知道人生是如此無情，歲月是如此短促，時機都是一去不回的啊！」

人生得意須盡歡，莫使金樽空對月。

李白：「所以趁今天大家如此高興，就不能讓酒瓶空空對著月光啊！」

天生我材必有用，千金散盡還復來。

李白：「天生我材必有用，錢花光了還是會賺得回來的。」

烹羊宰牛且為樂，會須一飲三百杯。

李白：「現在最重要就是大盤牛羊肉繼續下酒，每人最少喝夠三百杯！」

岑夫子，丹丘生。將進酒，杯莫停。

李白：「老岑呀，丹丘仔呀，拿酒來，繼續喝，不准停下來！」

與君歌一曲，請君為我傾耳聽。

李白：「我現在唱一支歌，你們好好用心聽！」

鐘鼓饌玉不足貴，但願長醉不復醒。

李白：「奢華的音樂和美食我並不在乎，我但求一直喝醉不再清醒。」

古來聖賢皆寂寞，惟有飲者留其名。

李白：「自古以來那些清醒的聖賢都是被冷落的，反而飲酒大方請客的人就歷史留名。」

陳王昔時宴平樂，斗酒十千恣讙謔。

李白：「好比當年陳王曹植在平樂設宴請客，十千杯酒無限暢飲，人人喝到 high 翻天，就歷史留名，一時傳為佳話。」

主人何為言少錢？徑須沽取對君酌。

李白：「所以主人呀你請客的就不要計較錢，總之拿些值錢的東西去賣掉換些酒來，我們繼續開懷對飲就是了。」

五花馬，千金裘。呼兒將出換美酒，與爾同銷萬古愁。

李白：「你家還藏了什麼值錢的東西？五花馬，千金裘，這些所謂貴重之物其實無用的啦，還是此時此刻最重要，叫侍童趕快拿出去把美酒換來，我與你就可同銷萬古之愁了！」

想起大學時期我也曾跟幾個老友通宵喝酒解悶，各人有各人的煩惱，最後啤酒瓶喝滿一地，意猶未盡口袋錢卻花光了，就向比較小器但口袋有錢的老友打主意，慫恿他大方一點出錢再買幾瓶給大家分飲！

＜將進酒＞的「將」讀 jiang 一聲，作動詞用，將進將出就是拿進拿出。「將進酒」：拿酒進來；「將出換美酒」：拿五花馬、

千金裘出去換美酒。李白這個酒鬼，寫這篇＜將進酒＞，就是這麼一副壞心眼。酒興來時豈能掃興？力勸朋友賣物換酒！李白這個人，就是這麼天才驕狂，也是這麼直率開朗。**徑須沽取對君酌**，這句才是全詩的主旨。這首詩興高采烈，一氣呵成，筆法瀟灑，風格豪邁，後代學者硬要扣連李白生平許多不得志的愁思，在「萬古愁」這三個字上大造文章，為李白喝酒找個正當的理由，實屬畫蛇添足。人生適逢其會，開懷暢飲，馳騁想像，口沫橫飛，大男人的聚會不都是這樣?!

學習古人詩詞，最重要是欣賞他的表達手法和他要傳達的情境思想，五花馬和千求裘，換做勞力士手錶和寶馬跑車，意思其實一樣。這些古老名詞常不可考，領略到意思就夠了，不必鑽牛角尖去考古，那是古文字學家的工作。

附帶一提，用廣東話唸＜將進酒＞，鏗鏘有力，唸到「朝如青絲暮成雪」，入聲的雪字戛然而止，頓覺時光之逝何其匆促，突然就沒有了！

【附記】

　　解通了五花馬千金裘，就讀懂了＜將進酒＞，自然也讀懂了杜秋娘的＜金縷衣＞：

　　勸君莫惜金縷衣，勸君惜取少年時。

　　花開堪折直須折，莫待無花空折枝。

　　與其去珍惜那些表面貴重之物

　　不如更珍惜利用少年時青春盛放的時光

　　好比都是花朵盛開之時你就直接把它摘下來

　　不要等到花都零落凋謝了才去摘一根光禿禿的枯枝

　　此詩用了兩組排比句做對比和烘托，先寫道理，再以生活的觀察佐證，結構十分簡單，卻很有傳統中文的特色，情景與說理交融。

　　＜將進酒＞太有魅力，可能要到十五六歲才能教，免得學生年紀太小，為了這首詩就偷嚐喝酒（我唸小學時正是這樣）；＜金縷衣＞，八九歲就可以教，而且一教就明白了。

搜尋 唐三彩 🔍

　　唐三彩是一種低溫鉛釉陶器，在色釉中加入不同的金屬氧化物，經過焙燒，便形成淺黃、赭黃、淺綠、深綠、天藍、褐紅、茄紫等多種色彩，但多以黃、褐、綠三色為主。這種藝術品流行於盛唐，在安史之亂後開始式微，比對時代背景，應就是李白「五花馬」所指。

第2講　愁與鄉愁

愁和酒分不開，似乎古代才女亦如是。

尋尋覓覓，冷冷清清，悽悽慘慘感感。乍暖還寒時候，最難將息。三杯兩盞淡酒，怎敵他、晚來風急？雁過也，正傷心，卻是舊時相識。

滿地黃花堆積。憔悴損，如今有誰堪摘？守著窗兒，獨自怎生得黑？梧桐更兼細雨，到黃昏、點點滴滴。這次第，怎一個愁字了得！

宋　‧　李清照 ＜聲聲慢＞

愁字如何解釋，古代字典和當代中文字典的說法大同小異，大概是憂慮、傷悲的意思。不過古文讀多了，你會發覺愁似乎又不至於傷悲那麼嚴重。愁字拆開是上秋下心，秋天是怎樣一種心情，愁字是怎樣一種心態，李清照這一篇作品，正是寫她秋天的心情，中心思想就是表達「一個愁字」。讀懂這篇聲聲慢，大概

就可領略「愁」的意境。

　　古代人寫詩詞常用到「愁」字，愁字本身就帶有秋的意境。中國有很多文字字義其實不好解釋，因為文字還有它的意境，這意境是來自過去幾千年來中國文人和哲人無數傑出的創作言論的累積，不斷豐富了同一個字的內涵後的結果：例如玄、妙、道、禪、寂寞……等。又例如喜和樂、哀和愁、怨和恨、嗔和怒，用起來還是有微妙的分別，但卻只可心領神會，很難再用字典的方法（以文字解釋文字的方法）說清楚。

　　話說自從把女兒送讀歐洲國際學校中學部，一則以喜：見她英文程度突飛猛進，說話口音捲舌流利仿如英國人，脫離填鴨式考試制度下更可以任憑個人喜好選修科目及學習美術創作；一則以悲：其中文水準每下愈況，愈來愈退步。昨天她說老師要求她研讀一首詩，她問我這首詩有什麼好處：

> 小時候，鄉愁是一枚小小的郵票。
> 我在這頭，母親在那頭。
> 長大後，鄉愁是一張窄窄的船票。
> 我在這頭，新娘在那頭。

後來啊，鄉愁是一方矮矮的墳墓。

我在外頭，母親在裏頭。

而現在，鄉愁是一灣淺淺的海峽。

我在這頭，大陸在那頭。

余光中 ＜鄉愁＞

我思考了一下，還是決定坦白跟她說：「余光中算是近代很著名的現代詩人，但這不算是他很出色的作品。」

女兒不解。追問：「為什麼？」

我只好說：「你試試寫一篇英文：

When I was young, X was A.

I was here, Mama was there.

When I grew up, X was B.

I was here, my bride was there.

And then, Oh, X was C.

I was outside here, Mama was inside there.

But now, X is D.

I am here, the Mainland is there.

你覺得英文老師會給你多少分？」

　　女兒長期讀外語學校，學校生活以英文為主要溝通語言，給她英文舉例，反而容易明白。「這很容易啊。Fill in the blanks（填充題），我小學四年班就會了……」

　　我笑笑。其實這首詩還可以用數學代數的方式來分析：

　　　　小時候，X 是 A。

　　　　我在這頭，母親在那頭。

　　　　長大後，X 是 B。

　　　　我在這頭，新娘在那頭。

　　　　後來啊，X 是 C。

　　　　我在外頭，母親在裏頭。

　　　　而現在，X 是 D。

　　　　我在這頭，大陸在那頭。

　　題目是 X。X 隨著我的年紀變化，在不同階段等如 A、B、C 或 D。

　　此詩句法呆板，仿如小學生練習填充造句的家課作業，把數學代數句式當做中文寫作句式行文，難言高妙，可能只適合小學三年級以下模倣造句。又，此詩的中心思想是什麼？隨著年紀增長，鄉愁是個不停在變的東西，從 ABC 變到現在是 D，

搞不好將來又變成 EFG……

題材是另一個問題。今天的小朋友十之八九在現代家庭溫室中長大，在附近社區上學，他們能懂得何謂鄉愁？我實在難以明白為什麼選擇教材的相關專業人士老是喜歡選擇「鄉愁」為學習題材。寫「鄉愁」最精采又顯淺易明是李白＜靜夜思＞，寫於距今約 1200 年的公元八世紀唐朝：

床前明月光，疑是地上霜。
舉頭望明月，低頭思故鄉。

中國古代的一首詩，精簡撮要起承轉合，二十個字就已經是一篇意思完整的文章。而中國語文其中一款很重要的寫作特色，是由景入情。透過眼前景色的聯想，抒寫作者思鄉的情懷。

床前明月光，疑是地上霜，

作者在晚上看見床前一片從窗外照進來的明月皎白的亮光……錯覺以為是雪霜舖滿地……你不妨運用圖像思考：你家的床，窗外的明月，月光灑到你的房間，銀白一片，像北方的

冰天雪地⋯⋯

　　舉頭望明月，低頭思故鄉。

　　他舉頭望望天上的明月，確定了真實的情況，這不過就是晚上的明月吧，而他低頭想念的，卻是遠在西北他冰天雪地的故鄉。

　　第一二句虛實轉換，後二句由靜態引申至動態，由景入情，表達一個人在半夜無法入睡，睹月思鄉的情懷。古代中國語文的寫法喜歡由景入情，透過當前景色的襯托，情景交融，讓你更能了解作者寫這篇文章的意境。中文文章的結構、轉承、語境情調的構築和交替，在二十個字的四小段，段段有層次有變化。比起前面的那首「代數程式」詩，營養豐富太多了。

　　李白外號詩仙，是全中國歷史上最幸運的文人之一。他生長在盛唐時期，在那個年代，寫一首 5×4 二十字數的五言絕詩，或一首 7×4 二十八字數的七言絕詩，可以編成流行曲，在資訊不算流通的古代，唱得首都長安市街知巷聞，然後再傳遍天下！一首好詩更可以被編成貴妃的舞曲，結合彈唱供皇帝欣賞。而因為當時唐玄宗欣賞李白的詩才，李白可以不經過考試就當官，在

皇宮內行走，隨時跟皇帝笑談共飲，羨煞天下讀書人。

唐朝時代中國是個開明的國度，無論醫學天文學乃至文學藝術和科學發明，都鼎盛一時，還引進西方的佛學。詩歌在唐朝是流行藝術，文字配合歌舞，極視聽之娛，更發人深思。既然寫一首詩就可以飛黃騰達，自初唐起的許多成功案例，鼓動了當時厲害的文人都熱衷寫詩。唐詩的水準是非常高的，也是中國文學五千年來其中一個文學創作最輝煌的時期。一首唐詩，在字數最少的五言絕句短短的二十個字裡，既要符合平仄拈對押韻的格律要求，好編成一首合乎格律能供歌舞的音樂表演作品，同時其內在的結構和意涵，更是一篇意義深遠令人感動的完整文章，令當世人爭相傳頌，令後代讀書人一路傳承學習。這些精選的名篇，用字顯淺，結構完整，主旨明確，修辭嚴謹，是中國語文的典範。一個智力正常的小孩子不用二十分鐘就能把一篇經典唐詩熟背如流，試問：這麼好的東西，比起現在那些幼兒童書不倫不類的假歌謠不知高明幾千倍，為何不讓小孩子多學幾首？

還有兩篇很棒的關於鄉愁的詩：

少小離家老大回，
鄉音無改鬢毛催。

兒童相見不相識，

笑問客從何處來。　　　　　　　賀知章《回鄉偶書》

　　這是一篇敘事詩。記敘作者從小離開了家鄉，到老年的時候他回來了。他說話還是帶著鄉音只是老了鬢髮都白了，同鄉人一聽應該就知道他也是個同鄉人。偏偏他遇見了個小朋友，這個小朋友年紀太小，從來沒有見過他，於是問他：先生，您是從哪裡來的呀？

　　當我們讀著作者的記述時，很自然就感受到作者在感歎：他明明是個同鄉的，大家沒理由不認識他，偏偏如今他竟然被當成陌生人了。

　　這當然也是鄉愁的一種。

　　這篇的字句，同樣顯淺易懂，猶如現代中文。而蘊含的情味，卻是淡遠而綿長的。這是很典型的中國語文風格。

獨在異鄉為異客，

每逢佳節倍思親。

遙知兄弟登高處，

遍插茱萸少一人。　　　　王維〈九月九日憶山東兄弟〉

一個人在異鄉當陌生過客，每遇到佳節就會加倍想念家中的親人。今天是九月九日重陽佳節，想想家鄉兄弟們都一起登高去了，每人身上插滿茱萸互相祝福平安，卻偏偏少了我一個人啊！

用現代的語言分析，這是一篇完整的抒情文，結合了敘事和想像，實寫和虛寫，到最後轉化成作者思鄉的情懷。前二句開門見山說明了自己目前人在異鄉，每逢佳節倍思親的心態，後二句是作者主觀聯想鄉下兄弟們登高卻獨獨少了自己一個人的景象，每年家中的大 PARTY 自己卻無法參加，這感覺實在是何等寂寞，何等遺憾！

李白、賀知章、王維都是盛唐時期的著名詩人。可以想像，當年他們這幾篇名詩被編成流行曲在酒樓上演唱，多少來自異鄉的旅人，一邊聽著這幾首歌，一邊默默在思念遙遠的家鄉，遙遠的親人，暗自嘆息，默默垂淚……

少年不識愁滋味，愛上層樓。愛上層樓，為賦新詞強說愁。而今識盡愁滋味，欲說還休。欲說還休，卻道天涼好個秋！

宋 ‧ 辛棄疾〈醜奴兒 ‧ 書博山道中壁〉

　　如果今天要我跟學生解釋「愁」字，我會解作「煩惱」。煩就是有點躁動不安，惱就是有點糾纏在低迷的情緒中。不過就如辛棄疾所說：少年人又懂得什麼是愁的滋味？又懂得什麼是真正煩惱的滋味呢？

搜尋 茱萸 🔍

　　重陽節與茱萸的關係，最早見於南北朝時期文學家吳均（469 年－ 520 年）《續齊楷記》中的一則故事：汝南人桓景隨費長房學道。一日，費長房對桓景說，九月九那天，你家將有大災，其破解辦法是叫家人各做一個彩色的袋子，裡面裝上茱萸，纏在臂上，登高山，飲菊酒。九月初九這天，桓景一家人照此而行，傍晚回家一看，果然家中的雞犬牛羊都已死亡，而全家人因外出而安然無恙。

❖附記：自殺者遺書

　　古代的文人為什麼愛寫鄉愁，有其時代背景、社會因素。古人為了考取功名，從四面八方一路流浪到京城考試做官，又常遭逢戰亂，這一離開家園可能一輩子都無法回家去。現代的中小學生人人在自己家門附近讀書，如何能領略中老年人離鄉別井有家歸不得的惆悵？領略古人作品，是應該連同當時社會面貌一起聯想的。現在是搜尋年代，輸入關鍵字，就馬上跳出答案。

　　太沉重悲痛的作品，方今太平盛世，中小學生也是難以體會。像端午節雖至今仍是中國傳統三大節日之一，其意義遠不如清明

節慎終追遠重要。至於屈原（前 343 年－前 278 年），可說是中國歷史上第一個寫遺書自殺之人。歷代忠肝義膽受盡委屈仍為國捐驅的英雄和忠臣烈士多的是，屈原留書自殺不可為年輕人表率，＜離騷＞語言脫節內容更都是抱怨一堆，雖大名鼎鼎其實不教也罷。學校年年教＜離騷＞，從來無學生喜歡＜離騷＞，語言脫節，經驗脫節，也不符合少年人心性和志向，現代語「發牢騷」和「發騷」倒是常用的，不知此騷跟彼騷，有沒有什麼關聯？

如果一定要介紹端午節，其實也可以不介紹屈原。五四學者聞一多（1899 年－ 1946 年）考證在屈原投江之前，吳越一帶已有端午節存在。端午節最重要的兩項活動——龍舟競渡和吃粽子，都和龍有關，詳見聞一多《神話與詩》的《端午考》。端午節推斷可能是迎濤神祭圖騰的習俗，只是過去二千多年的所謂儒家思想，都瞎說端午節是要紀念忠臣屈原，以之置入性行銷，期望皇帝愛惜忠臣。介紹端午節，其實未必要介紹屈原。

　　華人習俗重視端午節，有其傳統背景：古代農業社會，從開春忙到秋收，然後冬天休息。按二十四節氣，春節差不多在立春，一年從新開始，開田播種，端午節差不多在夏至，正是完成了一半，中秋差不多在秋分，陸續收成。由此，中國最重要的節日，就是春節新年，端午節和中秋節，在這三個重要的時間里程碑，藉慶祝節日之故，為自己打打氣，加加油。直至今天，許多華人企業，仍有派發三節獎金紅包的習慣。

第3講 飲酒

酒能亂性，古今中外皆是，不過孔子也不禁忌喝酒。《尚書》孔傳曰「**以德自將，無令至醉。**」意思是「**拿品德出來喝酒，不要喝到醉。**」用現代語解釋，就是「喝酒要有酒德，懂得自制，不要喝醉。」

古今中外飲酒是男人的社交日常，世界各地民族自古用米粒用高粱用葡萄用大麥用龍舌蘭用各種材料來釀酒，更是與生俱來，各自發明，無須等待別個民族來傳授。

李白＜將進酒＞天才橫溢，幾乎句句精采，千古傳頌。中國文人從不避諱飲酒，酒酣耳熱之時行酒令吟詩詞寫書法，是最常見之事，酒醉三分醒，可能還有超水準的演出。曹操＜短歌行＞、陶潛＜飲酒詩二十首＞、李賀＜至酒行＞都是千古傳頌的佳作；王羲之醉寫蘭亭，李白醉中被唐玄宗召回去為楊貴妃的編舞寫下清平調三首，都是歷史佳話；而李白、蘇東坡一生的作品中，更常以飲酒為題材。

天若不愛酒，酒星不在天。地若不愛酒，地應無酒泉。天地既愛酒，愛酒不愧天。已聞清比聖，復道濁如賢。聖賢既已飲，何必求神仙。三杯通大道，一斗合自然。但得酒中趣，勿為醒者傳。

唐 · 李白＜月下獨酌＞之二

這也是唐代大詩人李白的作品，不過用語囉囉嗦嗦，措辭也不優美，更沒有什麼浪漫的想像，而且理據牽強，比較像一個醉鬼跟你胡說八道他為什麼愛飲酒。一個創作者一生中能寫出一篇代表作就足以流傳千古，李白一生傾力創作，收錄在＜全唐詩＞的詩作就超過九百，當中自然有好有壞。

李白外號詩仙兼酒仙，詩和酒根本分不開，醉中寫詩一氣呵成，有時候寫得特別差，有時候寫得特別好。腦科學研究藝術家在不甚理智的狀態下不經思考地創作，更容易擺脫常規，有所突破。

結廬在人境，而無車馬喧。問君何能爾？心遠地自偏。

採菊東籬下，悠然見南山；山氣日夕佳，飛鳥相與還。

此中有真意，欲辨已忘言。

晉 · 陶淵明＜飲酒詩二十首＞之五

古人不是喝醉酒就一定豪言壯語的，有些人喝了酒會大吵大鬧，有些人卻恬淡溫和。陶淵明在亂世中不甘官場鬼混，於是歸隱南山，天天喝酒，邊喝酒邊寫詩。這系列的詩，就叫＜飲酒詩二十首＞。此詩千古傳頌，自述一個人退出江湖，回歸平淡大自然的心境，令人羨慕。詩意簡單，即使不翻譯成當代中文也容易讀懂，重點是領略詩人如何塑造情境氣氛，他如何表達自己歸於平淡的心境。讀起來，有一種超塵絕俗的旨趣。

魏晉時期的詩文修辭華麗，字字雕琢，陶淵明的詩卻故意用語平淡，就像唐三彩之後的宋瓷，十分素雅。其實，未嘗不是一種反叛。

行止千萬端，誰知非與是；是非苟相形，雷同共譽毀。

三季多此事，達士似不爾。咄咄俗中愚，且當從黃綺。

晉　•　陶淵明＜飲酒詩二十首＞之六

譯文

這世界該做的不該做的千頭萬緒，誰真的知道什麼是對什麼是錯？

把是和非常常比來比去，大家就大聲附和：這是好的，那是壞的……

自夏、商、周以來這實在發生太多了，賢達之人當然不會認同。

那些世俗的蠢才咄咄逼人，我不如學古代的高人隱居深山好了。

比起＜飲酒詩＞五，我更喜歡這首＜飲酒詩＞六。

此詩有點看破紅塵的唏噓，卻又不無憤慨，情緒複雜。我個人雖然偏好此首，但卻不會用來給少年人作教材，嫌它對人生的看法太過消極。如要介紹飲酒詩給學生，題材更應該慎選。我的第一選擇，會是這首：

知章騎馬似乘船，眼花落井水底眠。

汝陽三斗始朝天，道逢麴車口流涎，恨不移封向酒泉。

左相日興費萬錢，飲如長鯨吸百川，銜杯樂聖稱避賢。

宗之瀟灑美少年，舉觴白眼望青天，皎如玉樹臨風前。

蘇晉長齋繡佛前，醉中往往愛逃禪。

李白斗酒詩百篇，長安市上酒家眠，天子呼來不上船，自稱臣是酒中仙。

張旭三杯草聖傳，脫帽露頂王公前，揮毫落紙如雲煙。

焦遂五斗方卓然，高談雄辯驚四筵。

唐　・　杜甫＜飲中八仙歌＞

1. 賀知章騎馬就像乘船般搖擺不定，頭昏眼花掉落井中，他乾脆就躺在水底睡覺。

2. 汝陽王喝夠三斗酒才去拜見天子，路上遇到酒麴車聞到酒香竟然流口水，恨不得把自己的封地移去酒泉。

3. 左相每天花萬錢喝酒，像一條大鯨魚把百川的水喝光，顧著飲酒就請別人來當宰相。

4. 宗之是個瀟灑美少年，喜歡舉著酒杯眺望青天，就像玉樹臨風一樣。

5. 蘇晉平常吃長齋唸佛十分虔誠，喝醉酒卻連佛祖都不理會了。

6. 李白喝一斗酒就能寫百篇詩（形容其急才），在長安市上的酒家喝醉睡著了，天子派人來召喚他都不肯上船，還說自己是酒中之仙。

7. 張旭三杯下肚就是名不虛傳的草聖，在王公貴族之前脫帽露頂不顧禮儀，順手揮毫寫出來的草書如雲似煙。

8. 焦遂喝了五斗酒頭腦才開始靈光，在席上高談雄辯，全場驚歎。

此詩把當時長安市上的著名人物的身分和個性特色，喝

酒後的奇趣言行，生動活潑地描寫出來了，而杜甫只不過用了二十二句一百五十四字。中國古人自秦始皇煉長生不老藥開始，就追求一種得道升仙的境界，我們對於神仙的看法是一種人上人，超越生死和人間一切煩惱，沒有塵俗之氣，沒有憂愁，昇華至灑脫自在的境界，就是所謂仙氣了。這酒中八仙都是杜甫那個年代的名人，人人活在當時，卻被他生動的筆觸，寫得個個像神仙一樣超凡脫俗，不吃人間煙火。原來杜甫也能夠寫出這麼活潑詼諧的詩歌，寫作時的他，應該也是喝醉了吧。

文有文喝，武有武喝。將軍領兵出戰前，也常喝酒，還有琴聲伴奏。這是中國古代戰場的特色。

葡萄美酒夜光杯，欲飲琵琶馬上催。
醉臥沙場君莫笑，古來征戰幾人回？

唐・王翰〈涼州詞〉

表面說得曠達，一種帶點自嘲的反襯，反映了戰場的殘酷和悲涼。

醉裡挑燈看劍，夢回吹角連營。

八百里分麾下炙，五十絃翻塞外聲，沙場秋點兵。

馬作的盧飛快，弓如霹靂弦驚。

了卻君王天下事，贏得生前身後名，可憐白髮生！

宋 ・ 辛棄疾〈破陣子〉

一個將軍在營裡喝酒，營外卻吵吵鬧鬧準備出兵了。終日打打殺殺，快馬急箭，是為了效忠國家君主，也為了自己的功名和成就，結果一轉眼頭髮都白了。此篇表達了一個將軍連年征戰的唏噓。喝酒之後，情緒解封，強如將軍也變得多愁善感了。

佇倚危樓風細細，望極春愁，黯黯生天際。草色煙光殘照里，無言誰會憑闌意。

擬把疏狂圖一醉，對酒當歌，強樂還無味。衣帶漸寬終不悔，為伊消得人憔悴。

宋 ・ 柳永〈蝶戀花〉

一曲新詞酒一杯，去年天氣舊亭台。夕陽西下幾時回？

無可奈何花落去，似曾相識燕歸來。小園香徑獨徘徊。

宋 ・ 晏殊〈浣溪沙〉

誰念西風獨自涼，蕭蕭黃葉閉疏窗，沉思往事立殘陽。

被酒莫驚春睡重，賭書消得潑茶香，當時只道是尋常。

清・納蘭性德〈浣溪沙〉

　　上面三首都是名篇，文字顯淺，各種翻譯，大家可以上網查找。古代飲酒詩詞太多，透過比較，可以發現很多趣味。例如弱質文人，通常喝了酒後就會借酒銷愁，爬上高樓憑欄遠望，或在斜陽下、花園中徘徊踱步，或傷春悲秋，感歎花開花落，時光飛逝；或想念心中重要的人，沉思往事，一副憂鬱多情的書生模樣。

　　花間一壺酒，獨酌無相親。舉杯邀明月，對影成三人。月既不解飲，影徒隨我身。

　　暫伴月將影，行樂須及春。我歌月徘徊，我舞影零亂。醒時同交歡，醉後各分散。

　　永結無情遊，相期邈雲漢。

唐・李白〈月下獨酌〉之一

　　但是曠達的人，一個人在山中喝酒，上有月，下有影，就湊成三人，共飲共舞，自覺熱熱鬧鬧，不甘寂寞，十分好玩。

同一主題的這一首＜月下獨酌＞，熱情浪漫有奇趣，千古傳頌。李白被稱為詩仙，又稱酒仙，即使在他死後至今超過 1250 年，每晚都有文人喝酒寫酒，但寫飲酒詩始終無人能夠超越李白的境界。

　　古代文人喝酒後寫出來的作品，或激昂，或憤慨，或意氣風發，或憂鬱愁苦，但共同點卻是感情真摯，而在遣字造句上，往往更不拘一格，新穎跳脫。向學生介紹飲酒詩不是要教學生喝酒，而是中國歷代戰亂和政亂，官場黑暗世局艱難，文人清醒時候多在憂國憂民憂心自己，唯獨喝了酒後，興高采烈，那活潑天真一面、或熱情豪邁一面、或真情流露一面，才會躍然紙上。酒只是那點火，我們要給學生看的，是天上粲放的煙花。

花木蘭 go shopping

記起有個老外曾經問我:「東西」是什麼東西?「東西」為什麼叫做「東西」?

這問題其實很好回答:東西就是 something 的意思。去買東西,就是 go to buy something. [註一]

不過,學習中文有個不成文的壞習慣,很多人都喜歡窮根究柢問來源問出處,似乎你說不出來就是沒有學問。中國地大物博,同一套文字留傳了幾千年被每個世代幾千萬到十幾億人在大江南北及全球各個角落不斷使用,能夠懂得每個字詞的出處談何容易?更重要是:你知道手機是由誰發明,手機為什麼叫做手機,會讓你更懂得如何使用手機嗎?

基於好奇心,還是上網找了一下:

歷史上傳說最先出現「東西」在文字紀錄上是在宋朝:

宋神宗(1048 年 − 1085 年)有一次問王安石:「市中貿易,何以不曰南北,而曰東西?」

王安石想了想，猜測道：「當取東作西成之意。」

宋神宗是個積極的皇帝，平常勤奮讀書，任用王安石推行新政。他不知「東西」何意而發問，表示「東西」是最近才流行的新詞。皇帝從來不需要自己去買東西，卻知道市場中的流行語，似乎他也相當關心民間的情況。

王安石口中的「東作西成」是指春種秋熟，古人認為司春之神居住在東方，而春天是一年的起始，因此春耕稱作「東作」，秋熟自然就稱作「西成」。「東作西成」的是糧食，這是人們最重要的生活必需品，因此用「東作西成」的略語「東西」來指需要買賣的各種生活用品。這解釋相當牽強，去市場買的當然是收成品，買的是「秋熟」，是否「春耕」又有什麼關係？市井之徒，說話直接，也不會拐這麼一大個彎去創造新詞。

而另一種解釋則與五行有關。

傳說南宋理學大家朱熹（1130 年－1200 年），在未出仕前，家鄉有叫盛溫和的好友，此人亦是博學多才的人，一天兩人相遇於巷子內，盛手中拿著一個竹籃子，朱熹問他：「你去哪裏？」盛回答說：「我要去買點東西。」

朱熹很好奇，隨即問道：「你說買東西，為甚麼不說買南北呢？」

盛反問朱熹：「你知甚麼是五行嗎？」

朱熹答：「不就是金、木、水、火、土嗎？」

盛說：「東方屬木，西方屬金，南方屬火，北方屬水，中間屬土。我的籃子是竹做的，盛火會燒掉，裝水會漏光，只能裝木和金，更不會盛土，所以叫買東西，不說買南北呀。」

朱熹聽後唉了一聲說：「原來是這樣！」

這故事也有破綻。古代要出去市場購買的東西其實不只木造或金造的物件或糧食，還有其他常用物事不是一般家庭造得出來，必須去市場購買的，例如陶瓷是土造的，祭拜用的香燭是火，酒當然是水。

不過這二個故事卻反映了一個事實：「東西」這詞在宋朝開始變成流行使用的新名詞，一路用到現在，已經八九百年。

翻查歷史，北宋的流行文學以填寫歌詞配合樂曲為熱門的文體，所謂「宋詞」是也。宋代文人迷填詞，就如當年李白為楊貴妃寫清平調編成舞曲，既得皇帝賞識，可得榮華富貴，更可能名滿天下。北宋著名詞人有晏殊、歐陽修、張先、晏幾道、

范仲淹、柳永、蘇軾、秦觀、黃庭堅、周邦彥、李清照。可說是文風鼎盛，人才輩出。

　　既然填歌詞是北宋時期所有讀書人必須學習的創作文體，凡事喜歡追本溯源的中國人自然會去整理過往歷代祖先的民歌作參考。宋神宗期間有位文人郭茂倩編纂**《樂府詩集》**，集錄了先秦歌謠，漢朝至唐五代的樂府詩，全書共一百卷。這本書應是北宋時期非常重要的參考書，凡學填詞者必讀得滾瓜爛熟。古歌書橫空出世，惹來街談巷議，舊歌新唱，流行於老百姓之間，變成新一批沒有聽過的流行音樂。

　　《樂府詩集》書中收錄了一篇風格非常直率開朗的＜木蘭辭＞，記得三十多年前我讀初中時也曾被強逼死背過：

　　唧唧復唧唧，木蘭當戶織。不聞機杼聲，唯聞女嘆息。問女何所思？問女何所憶？「女亦無所思，女亦無所憶。昨夜見軍帖，可汗大點兵。軍書十二卷，卷卷有爺名。阿爺無大兒，木蘭無長兄。願為市鞍馬，從此替爺征。」

　　東市買駿馬，西市買鞍韉，南市買轡頭，北市買長鞭。旦辭爺孃去，暮宿黃河邊；不聞爺孃喚女聲，但聞黃河流水聲濺濺。

旦辭黃河去，暮宿黑山頭；不聞爺孃喚女聲，但聞燕山胡騎聲啾啾。萬里赴戎機，關山度若飛。朔氣傳金柝，寒光照鐵衣。

將軍百戰死，壯士十年歸。歸來見天子，天子坐明堂。策勳十二轉，賞賜百千強。可汗問所欲，「木蘭不用尚書郎，願借明駝千里足，送兒還故鄉。」

爺孃聞女來，出郭相扶將；阿姊聞妹來，當戶理紅妝；小弟聞姊來，磨刀霍霍向豬羊。開我東閣門，坐我西閣床；脫我戰時袍，著我舊時裳；當窗理雲鬢，對鏡帖花黃。

出門見火伴，火伴皆驚惶，同行十二年，不知木蘭是女郎。雄兔腳撲朔，雌兔眼迷離，兩兔傍地走，安能辨我是雄雌？

這是魏晉南北朝時期流行在北方的民歌，敘述一個女孩女扮男裝代父從軍，十二年後立了大功回家，回復女裝把同伴嚇一大跳，才知道她原來是女兒身的有趣故事。這故事太有趣，所以一直很流行，雖然是文言文但意思淺白，題材正面得來又有奇情和趣味，到今天仍是國中學生的課本教材，甚至被迪士尼改編成卡通電影，去賺外國小孩的錢。

此樂府詩最令人讚賞是花木蘭代父從軍的孝心、勇敢、堅

毅（當兵十二年必定捱很多苦）和機智（始終無人發現她女扮男裝）。還有是結語，以兔子雌雄莫辨作比喻，發展出「撲朔迷離」這個四字成語。

而我看到更有趣的，是木蘭決定代父從軍，之後並不是躲在家裡哭完又哭或把武功再加時苦練，而是去市場購物，大小姐最後一次 go shopping。**東市買駿馬，西市買鞍韉，南市買轡頭，北市買長鞭**。購物本來就是在市場上走來走去，東西南北周圍逛，然後買到一袋二袋。以「東西」這新名詞的流行時間推斷，以「買東西」借代往市場購物源出自＜木蘭辭＞，在《樂府詩集》編定發行之後、北宋神宗期間開始流行起來，似乎更為合情合理。

當然，除非千年前的死人翻生，天知道哪種說法才真的是出處？而即使不知道出處，只要「東西」這個名詞後代的人繼續覺得好用，就會一直用下去，如果不好用，大教授寫十萬字論文引經據典公開發表正音正字，那些被淘汰的舊字詞還是只能擺設在舊書本上，而不會活用於今天的現實生活中。

所以好使好用的字詞，就會被人一直使用下去，而使用者是不必要一定知道出處的。學中文實在不必字字句句求出處，猶

如我們用 iPhone、用電、用燈，不必知道發明者是誰，我們每年祝福你 Merry Christmas! 何曾須要知道這句話是怎麼來的呢？

【註一】

「你以為你是什麼東西？」又是另一種意思。這其實是個嘲問句，意思是「你別以為自己很重要，其實你什麼都不是。」（你的存在根本不重要！）

花木蘭購物動線

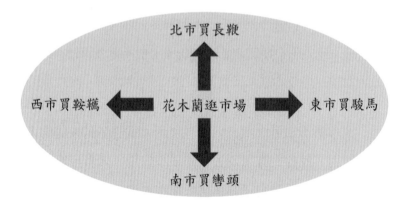

古代市場並沒有固定攤位編號，周圍先逛逛，才知道有什好買，出手前很難確定走向哪會買到些什麼。你問我要買什麼的時候我可能真的不確定，就東西南北先走走，於是就以買「東西」來借代。

第5講 做男人的好處

　　近日迷上唐宋的文化差異，原來許多中國人的傳統惡習是先從宋朝開始的。唐朝還算是個自由開放的朝廷，唐太宗有個諫臣叫魏徵，可以肆無忌憚跟皇帝說真話，直斥其非。唐朝尚算性別開放，並不過份重男輕女，更出現歷史上第一個女皇帝武則天。唐太祖李淵的女兒平陽公主，曾組織娘子軍，女人也可以當兵也。唐朝選拔人才，可以推薦，可以考試，考試考文章考的是才情，選出來的是有天分有才華的人。唐朝並不重文輕武，李白也好擊劍，賀知章騎馬似乘船。

　　宋朝一切都改了。中央集權，重文輕武，是為了怕地方武力太盛容易造反。重文，大力推科舉，只有男人可以參加，這可能要追溯到再一千年前的漢朝；不是男人，不讀書從文，就無前途，這是到宋朝一錘定音了。至明朝又多了一個朱元璋立下＜皇明祖訓＞，點名后妃不得對外聯繫，不得干政，結果反而搞出一堆太監亂政。考試制度因為王安石變法，改科舉考試大綱，以解釋儒家四書五經為主，不再重視才華和自由創作。

這制度和觀念一路延續到元朝，蒙古人執政，殖民地式教育，變成以朱熹《四書章句集注》為主要課綱，依課綱內容考試。從此我們只會跟標準課綱考試，凡事都問什麼是標準答案，今天面對IBDP國際文憑大學預科課程[註一]，束手無策。

這事再拖拖拉拉到清代康熙時期，讀書人不用當兵，也不用做苦工修河堤，考得功名甚至不用交稅。當然，讀書人是只算男人，不算女人。到雍正，攤丁入畝，男丁和土地稅掛鉤，原是出於好意，有丁有地才交稅，有丁無地可以不用交稅，不過到了富人階級的偏差想法卻是：值錢的地當然只分給兒子，不用分給女兒，因為皇帝也是如此重男輕女，訂立交稅標準的。

說到皇帝，自堯舜禹湯，皇位繼承權就是只傳男不傳女。到周朝諸侯制，土地財產繼承權也是情願兄終弟及，也要傳男不傳女。女人當兵不成讀書無用，也沒有財產繼承權，去到明朝，承皇明祖訓內令：「后妃不得與宮外聯繫，不得干政。」，民間達官貴人的家庭，有樣學樣，小姐三步不出閨門，連出門與外聯繫都不許。

另一方面，後代的儒術有科舉制度護航，十三經作硬盾，大玩階級主義，君臣父子夫妻兄弟師徒，前一個字比後一個字大很多很多，夫唱婦隨，三從四德是女人天經地義的責任。天經地義，連朱熹注的經，都被放上天了，比孟子說的捨身取義的義更重要。孔子

荀子孟子都進不了廟，許多大廟小廟到今天卻都拜紫陽夫子（朱熹）。說到迷信，連後世的八字算命，也是重男輕女。男命以官運亨通為佳，最好成局成格，女命的官運就是夫運，最好不成局不成格，少沖少合，平凡是福。男有傷官是才華，女有傷官是剋夫。(註二)

　　這些在不同朝代因為政治目的產生的遊戲規則，從宋代至今沒有一千也有八百年，玩到今天，影響所及是整個教學制度、男女階級、社會習俗的因循和歪曲。今天香港的新界土地還有丁屋和丁權，男丁才有繼承權。台灣和大陸小富以上的習俗，兒子生個男孫就給塊地或給張房契，生女孫就看老太爺心情了，可能連兒子的遺產繼承都受影響。結果明明是個同性戀，也找幾條試管找個肚生幾個兒子逗老太爺開心，免得因為沒有子嗣而被老太爺嫌棄。

　　昨晚在家閒聊我女兒突然志得意滿衝口說一句：「我是個女漢子！」實在啼笑皆非。好好一個女孩子，做女漢子不會比較勁，比較牛，比較厲害。我看她十八歲長大了，自我期許甚高，愈來愈不失禮，正想多讚她兩句，誰知她還是擺脫不了性別階級的影響。

❖ 作品數量的偏差

中國自古以來流傳的好文章 99% 以上來自男性作者，這是因為自周朝起歷三千多年來中國傳統重男輕女所造成的。女性的發言權和發表權不斷被壓縮，只許男性參加科舉制度，更讓男性在激烈的競爭圈中展露才華，並擁有更容易受公眾注目的公開發表機會。這造成古代男性的優秀文學作品琳瑯滿目，各類題材的佳作只嫌太多不可能少，女性作家的作品卻是少之又少。

不過這也有好有壞。古代女性多寫純文學，不會被考試綁架。婦人不得論政，題材內容也甚少涉及時政，作品在風格上反而輕靈跳脫。宋代李清照的詞是最佳舉例。即使到了白話文時期，林徽音的現代詩，清新自然，不拘一格，比起新月派徐志摩仍受制於格律詩詞的框框，更顯自由自在。

人生，

你是一支曲子，

我是歌唱的。

你是河流，

我是條船，一片小白帆。

我是個行旅者的時候，

你，田野，山林，峰巒。

無論怎樣，

顛倒密切中牽連著，

你和我，

我永從你中間經過；……

林徽音＜人生＞（節錄）

這是林徽音＜人生＞的上半，有沒有覺得比徐志摩寫的＜偶然＞更有異曲同工之妙！

【註一】

　　IBDP－國際文憑大學預科課程（International Baccalaureate Diploma Program, 簡稱 IBDP）想要在 IB 獲取高分，學生須要根據指引及要求，自行選擇題目，搜集資料，撰寫報告，現場表達等，學習方式跟大學教育相似。IB 不要求標準答案，而是要求學生表達並佐證自己觀點，而呈現出其真正有學習到這個科目的知識。國際文憑組織（IBO）為國際文憑大學預科課程的學習者制定了十條培養目標，即為：

- Inquirers 積極探究
- Knowledgeable 博學多識
- Thinkers 善於思考

- Communicators 樂於溝通
- Principled 重視原則
- Open-minded 心胸開闊
- Caring 具有愛心
- Risk-takers 勇於冒險
- Balanced 身心健全
- Reflective 及時反思

IB 是歐洲人想出來的教學方針，被譽為領導全球教育思想的先進。考好 IB 國際文憑，已經到達一個國際認可的知識水平，全球頂尖大學都會歡迎。如把這十項培養目標比較今天的中文教學，就知道今天的中文教學思想和執行多落後。

【註二】

在中國八字算命的系統中，傷官的名字十分有趣。八字中的傷官，對於男命來說是才華，一個男人太有才華反而影響仕途，影響古代人做官或現代人在職場的運氣，可能是招致同僚或上司的妒忌，也可能是太有才華就無法專注，總之傷害到做官，故名「傷官」。女命傷官也是才華，女性太有才華就會剋夫，影響夫妻關係，這個被傷到的官，卻是女性的官人，她的丈夫。

第6講 三千年的冤情

　　跟老友何居士爭論武王伐紂的正當性，順便翻讀歷史。

　　中國周朝建國自公元前 1100 年至公元前 256 年，約 850 年的歷史，是中國過去三千年中最長久的朝代。周之前是商朝，傳說商朝紂王荒淫無道，殘殺忠良，暴虐百姓，於是老百姓組織義軍，以姬昌家族為首，討伐紂王。周文王姬昌聲討商朝的帝辛（死後才稱為紂王），主要是四大罪名：

　　今商王受，惟婦言是用，昏棄厥肆祀，弗答；昏棄厥遺王父母弟，不迪；乃惟四方之多罪逋逃，是崇是長，是信是使，是以為大夫卿士，俾暴虐於百姓，以奸宄於商邑……

《尚書・周書》＜牧誓＞

　　其意思是帝辛的罪名包括以下各點：

1. 聽婦人言（有指是妲己）

2. 不重視祭祀

3. 不任用父母的兄弟，即王叔輩和宗室兄弟等親人

4. 重用逃犯，而這些逃犯暴虐百姓

以上四個理由，似乎只有**重用逃犯暴虐百姓**是禍害，其他三樣對老百姓都不構成禍害，至於實情如何，尚待考究。

中國古人數你罪狀，必定是大罪在前小罪在後，原來紂王最罪大惡極的第一大罪，是聽女人話！

其實商朝仍保有原始母系社會特色，女人在朝廷和軍隊中都有發言權和職務，自周朝的祖傳法則：**傳同姓血緣，用人為親，父死子承，兄終弟及**，才正式開啟了男女不平等的中國人倫社會。禮教吃人，吃了三千多年。關於祭祀，商朝和西周多用人祭，不重視祭祀，似乎只會比較文明。高中時讀過一篇《史記》〈滑稽傳・河伯娶妻〉，就是描述一個戰國時期以活人祭河的故事，反映當時非常不文明的迷信習俗。

至於紂王有沒有酒池肉林、挖比干心、剖孕婦腹、斬農民腳如此暴虐，似乎多為後世杜撰，以合理化周武滅商的正義。中國文學史上兩部最精采的通俗小說《封神演義》和《毛宗崗增刪版三國演義》，黑盡了帝辛（紂王）和曹操這二個人物，主要是為了增加人物衝突造成的戲劇效果。理性讀歷史，帝辛其人，其實有點像項羽，智勇過之而無不及。

《荀子》〈非相篇〉說帝辛「長巨姣美，天下之傑也；筋力超勁，百人之敵也。」

《史記》〈殷本紀〉也說「帝紂資辨捷疾，聞見甚敏，材力過人，手格猛獸」。

《韓非子》中提到，費仲勸諫帝辛殺掉西伯姬昌，但帝辛卻認為「夫仁義者，上所以勸下也，今昌好仁義，誅之不可」。

勸殺姬昌（周文王），是察覺其有反叛之心，帝辛（紂王）卻認為姬昌好仁義，不能殺，結果姬家父子謀反成功了，建立了周朝。

《尚書》是中國最古老的其中一本記言文集，為先秦時代政事文獻的匯集，內容以上古及夏商周的君王重臣進行宣示布公的講話記錄為主。荀子和韓非，是戰國時期人物；史記作者司馬遷是漢初時期人物。司馬遷和他的爸爸司馬談，兩代執掌西漢皇室的國家圖書館，他們的時代更靠近歷史，說的話應該更值得參考。

其實我的推論也不一定是對的，遠古歷史的真相，只能憑零星文獻，各自推想。想了解史料，最好自己讀原文，追尋原始資料。

第7講　佛祖不戒

　　難得糊塗的鄭板橋（1693年－1766年）說：「**酒能亂性，所以佛戒之；酒能養性，所以仙家飲之。無酒時學佛，有酒時學仙。**」[註一] 讀到這裡，我又犯起傻勁，問了自己個蠢問題，為什麼佛要戒酒？

　　查了一大圈，最後發現：原來佛祖沒說過要戒酒。他只說那五件事很恐怖。佛祖說：

　　何等為五恐怖怨懟休息？若殺生因緣罪怨懟恐怖生；若離殺生者，彼殺生罪怨懟因緣生恐怖休息。若偷盜、邪婬、妄語、飲酒罪怨懟因緣生恐怖；彼若離偷盜、邪婬、妄語、飲酒罪怨懟者，因緣恐怖休息，是名罪怨懟因緣生五恐怖休息。

　　　　　　　　　　　　　　《雜阿含經・八四五經》

　　簡單說，佛祖認為殺生、偷盜、邪婬、妄語、飲酒都會產生怨懟而心生恐怖，脫離這五件事就不會心生恐怖了。休息就是停止不生的意思。

　　佛滅（佛祖死）三個月後，由摩羯陀國主阿闍世王贊助，大迦葉尊者主持了一場法說會，阿難尊者誦經藏，優婆離尊者誦律藏。律藏訂立了佛家最早期的戒律，尤其五戒：不殺生、不偷盜、不邪婬、不妄語、不飲酒。佛教徒以此五戒仿效佛祖來修行，後來東傳中國，一直沿用至今。

　　世人有許多慾望，所以要持戒。佛祖洞悉宇宙，什麼都放下了，心中無任何慾望，何必持戒？只要領悟到佛祖的佛理，自然放下，萬念皆空，心中無殺慾就不會殺生、無物慾就不會偷、無色慾就不會婬、無口舌慾也就不會妄語或想飲酒。既然無慾，當然也沒事情需要去戒。**禪宗六祖慧能說：「本來無一物，何處惹塵埃。」**持五戒並不是佛祖之意，只是這幾個曾經追隨過佛祖的尊者的意思吧。

　　再查，五戒原來是源出自古印度宗教的沙門。沙門意指苦行僧，習練瑜珈龜息之法，長期禁慾持五戒，四處行乞。苦行僧長期營養不良，日常生活身心負荷俱重。現代醫學研究：酒精會被身體上的脂肪和血液中的水份吸收，無法分解就會造成酒醉。人類的體質會產生 ADH，alcohol dehydrogenase enzyme

醇脫氫酶 ADH 是一種鋅蛋白，功能是分解酒精。要製造蛋白最有效的方式是吃肉。出家人戒殺生包括不吃肉，蛋白量降低，肌肉量也減少，等於容納酒精的脂肪比例增加，更容易喝醉。酒量下降，結果比普通人更容易喝醉。喝醉就失去理智，所謂亂性，搞到身心俱亂，所以吃素乾脆連酒也戒了。

古代的聖賢有所參悟就傳達思想理念，原沒有要成立什麼教派，但追隨者眾逐漸形成組織，有組織就須管理，須管理就需要規條，致最後就產生了很多規條和儀式，未必是祖師爺的原意。佛祖說脫離這五種因緣就不會心生恐怖，卻沒有叫追隨者必須持五戒；正如耶穌行了五餅二魚的神蹟，卻沒有叫你去禮拜堂望彌撒一定要吃餅乾喝紅酒。

【註一】

近代引文多以「有酒時學佛，無酒時學仙。」為正本。上文下理，顯然不通，鄭板橋個性疏狂，從不避諱自己愛喝酒，沒必要反過來寫。此句實出自明朝陸紹珩《醉古堂劍掃卷十一》：「酒能亂性，佛家戒之；酒能養氣，仙家飲之。余于無酒時學佛，有酒時學仙。」陸紹珩亦蘇州人，算是鄭板橋的同鄉前輩，卻不是著名文人。此書流傳到清代乾隆年間（公元 1770 年）被書商偽託明朝名人陳繼儒出版《小窗幽記》，結果一紙風行，後來才被發現與流傳到日本大受歡迎的《醉古堂劍掃》古本一模一樣，才平反了原作者其實是陸紹珩。

　　蠢問題接踵而來。既然佛祖心中不繫一物，無慾無求，怎麼還會介意那三千煩惱絲一定要追隨者剃光頭呢！所以，出家一定要剃光頭嗎？

　　想來也覺荒謬。古印度所謂沙門，或後來的比丘尼，都是行乞修行之人，聚在一起，就是最早期的印度丐幫。平常跟老百姓要些剩菜剩飯，一戒殺生，二又身無長物，怎麼還會隨身帶把刀，時刻把頭皮刮乾淨？

　　查尋古代關於佛祖的莊嚴人像雕刻，不少是頭髮梳起寶髻。後來變成一圈圈的螺旋小髻，應該是一種藝術表現手法。印度人相信頂上的螺旋髮轉愈多的人愈聰明愈有智慧，把佛祖的頭髮畫成無數個小螺旋，是象徵他的無上智慧。

　　剃光頭出家更像是從中國普及起來的。中國人自漢朝就大力宣揚曾參著的《孝經》，孝經之開宗明義就說「**身體髮膚，受之父母，不敢毀傷，孝之始也**。」行孝第一件事要愛惜自己的身體髮膚。刮光三千煩惱絲，以示脫離塵俗放棄家庭，展現出家的決心。

佛門中人剃光頭也有政治因素。自三國時期到魏晉南北朝佛教在中國已經非常盛行，南朝梁武帝蕭衍篤信佛教，梁朝的都城名「**都下**」（現南京），佛寺就有五百餘所。

「都下佛寺五百餘所，窮極宏麗。僧尼十餘萬，資產豐沃。所在郡縣，不可勝言。道人又有白徒，尼則皆畜養女，皆不貫人籍，天下戶口幾亡其半。而僧尼多非法，……恐方來處處成寺，家家剃落，尺土一人，非復國有！」

上文是南朝的大臣郭祖深向梁武帝進言，說出家人不貫人籍（即不用戶籍），不用繳稅和服兵役，導致天下戶口幾乎少了一半，連農務生產也出現危機。出家人在自己的寺廟內種自己的菜，卻不必繳稅納糧，生活富裕，還養了囚犯和奴僕，多屬非法。長此下去，恐怕整個國家都是寺院，人人跑去剃度出家，整個國家都沒有普通人了……依他說法，都下的僧尼有十餘萬，天下戶口幾亡其半，那麼都下的總人口最多只有三十餘萬，卻已有五百多所佛寺，平均每六百人有一所佛舍，那實在十分誇張。

顯然政治政策上的優惠吸引了大批老百姓情願削髮為僧為尼，既受皇帝尊重，又可避稅避兵役，何樂而不為！

唐朝開始，為了識別僧人身份，僧人需要提供身分證明，

稱為度牒，有官府印章。中國四大奇書之一，長篇章回小說《水滸傳》的時代背景正是北宋年間，故事中魯智深殺人逃亡，就剃度出家拿到度牒作身份，方便行走。後來他又教會了另一個殺人犯武松，最後武松在母夜叉孫二娘的黑店拿到一套頭陀的身份裝備，於是江湖上就出現了花和尚魯智深和行者武松這二號人物。大概出家人在古代社會都會較被尊敬，因為身上有度牒有師門認證，等於官府也認可過，因此在路上行走就比較方便，不太會遇到審查。而出家人的裝扮有固定模式，如僧尼，如道士，如頭陀，方便與老百姓有所區別。

對於修行者來說，出家第一次刮光頭可能表示脫離紅塵擺脫俗世的決心，之後修行到一定程度，有沒有頭髮還何必計較？古代可沒有德國孖人牌（Zwilling，台譯：雙人牌）不鏽鋼剪刀或菲利浦電動剃刀，常常要磨刀削髮其實是一件很奢侈很麻煩的事，刀鋒生銹割傷頭皮可能還會感染破傷風。但僧侶身分享有特殊待遇，刮光頭容易識別更可大量減少惹起官兵盤查的麻煩，為了這些特權和方便，才需要時刻保持出家人光頭的形象。久而久之，無論亂世或太平盛世，剃光頭已經成為獲得度牒的同時，佛派僧尼身份認可的另一項辨識條件。

度牒的官方制度，小修小改卻一直沒有停過，從唐朝一直

傳承到清代雍正皇帝才正式廢除，官方不再管制出家人戶籍並給予特殊身份優惠。不過直到今天有些道觀或佛寺仍會給新修行者寫一張度牒。

印度的主流宗教是印度教，從前普遍率達總人口的八成以上，佛教徒在印度人口不足 1%，從來不是主流。佛教反而在中國盛行了一千幾百年，變成影響力最深遠的其中一種信仰。佛教和道教很多觀念和規條，都在互相影響下形成，尤其因果輪迴的觀念，進而影響到整個中國文學過去一千幾百年的發展。

持五戒，剃度出家，後人都流傳是佛祖要求的，不過查起來都無確實考據。如果這二件事都不是佛祖要求的，「三千煩惱絲」這件事就更未必是從印度佛典傳來的了。

世人多說「三千煩惱絲」是佛家語，出自何典一直無考據。許多無法查證源頭的佛偈詩句例如：

「三千煩惱絲，一絲勝一絲。有意盡除去，換個無無明。」
「剪去三千煩惱絲，獨伴青燈古佛旁。」
「剪去三千煩惱絲，化做自得一微塵。」

以上詩句參考其用語的淺白程度，似乎多是明清時期的作品。歷史上找到三千煩惱絲的文字記載最流行一個版本是用來

評價《紅樓夢》的一首詩，作者不詳：

因定三生果未知，繁華浮影愧成詩。

無端墜入紅塵夢，惹卻三千煩惱絲。

　　《紅樓夢》是長篇章回小說，中國四大奇書之一，故事是從女媧補天時所剩下的一塊石頭講起，因此又名《石頭記》。《紅樓夢》文筆優美，故事情節豐富，布局嚴密，人物刻劃細膩，又涉及貴族青年間的愛情故事，直接取材於當時貴族的家庭生活，據說還是作者的親身體驗，對於當時的讀者而言，根本是一本關於當代貴族私隱的爆料寫實愛情小說。此書據說完成於1784 年，到1791 年在第一次活字印刷版本發行後，即成為當代流行小說，風行一時。《紅樓夢》這本小說包含了很多學問，現代學者有所謂研究紅學的，相關研究資料多如恆河沙數，與其去讀別人怎麼說，不如認認真真拿起小說自己讀一次，雖然語言稍有隔閡，還是會趣味盎然。由此，使用「三千煩惱絲」這個流行比喻大概是在十八世紀末期開始。

　　歷史上中國文人用「三千」來形容頭髮的，第一個似乎是李白：

白髮三千丈，緣愁似箇長。

不知明鏡裡，何處得秋霜。

唐 · 李白〈秋浦歌〉

是的，又是李白。〈秋浦歌〉李白寫了十七首，連續讀下去就知道實際上李白寫的是從高處滾滾而下的瀑布，像一條白色匹練，也像一把垂下來的白色長髮。這把白髮有多長，李白說有三千丈，從天上流下直沖到東海之濱，如黃河之水天上來，一路奔流到海，不過李白這次想到的不是這滾滾流水一去不返，而是我的煩惱呀，為什麼像這河流一樣長、那麼多。然後看看鏡中，我的頭髮零零星星斑白如霜，驚覺自己已經老了。

秋霜只是零零星星的一點雪花，不會是舖天蓋地的白雪，和白髮三千丈形容的是截然不同的二個畫面。這首詩和將進酒的頭二句要描述的畫面是相近的，要表達的意義卻稍有不同。

讀李白的詩，白天的流水和扁舟、晚上的明月和杯中酒，是李白作品中最常見的場景，而愁（煩惱）總是如影隨形。有一首詩李白把這些東西全部寫進去了：

棄我去者，昨日之日不可留；

亂我心者，今日之日多煩憂。

長風萬里送秋雁，對此可以酣高樓。

蓬萊文章建安骨，中間小謝又清發。

俱懷逸興壯思飛，欲上青天攬明月。

抽刀斷水水更流，舉杯消愁愁更愁。

人生在世不稱意，明朝散髮弄扁舟。

《宣州謝朓樓餞別校書叔雲》

李白天才橫溢，名滿天下，初入長安就受唐玄宗賞析，天寶元年供奉翰林，與皇帝談笑對飲。不過李白個性驕狂，酒後失態，得罪小人，逐漸被皇帝疏遠。當然，唐玄宗自改元天寶後耽於逸樂，沉迷聲色，重用小人，最後招致安史之亂，並不算是個英明的君主。李白在長安得意不到兩三年，被皇帝疏遠，於天寶三年「懇求還山，帝賜金放還」，離開長安。本來就在天子身邊，大有機會一展所長，轉眼間機會卻失去了，從得意變成失意，與其說他飲酒誤事，不如說他是驕狂誤事。**「抽刀斷水水更流，舉杯消愁愁更愁。人生在世不稱意，明朝散髮弄扁舟。」**這幾句可說是他離開長安後半生的寫照。

印度佛教有**「三千大千世界」**的說法，大意是說這世界有**小千世界**、1000 個**小千世界**集成一個**中千世界**、1000 個**中千世**

界集成一個**大千世界**。這小中大三種「**千世界**」，簡稱三「**千世界**」，三「**千世界**」合成一個**大千世界**，故稱為「**三千大千世界**」。三千是包含三種千的意思，不是 3000 的意思。跟三**千煩惱絲**完全無關。

出家到了明朝已經愈來愈困難，像考執照一樣，要考試合格才能拿到度牒，拿到度牒才有資格剃度出家，當中自然不乏讀書人和文學創作高手。「白髮三千丈，緣愁似箇長」和「三千煩惱絲」在文學表達上更有異曲同工之妙。自從活版印刷技術普及之後，民間多印刷發行佛經和小說，小說又以談及因果報應置入宗教人生哲學觀念的故事為主流，加上民間流傳的許多佛偈、參悟詩、戲劇歌詞和對白，都是以文學手法傳達宗教人生哲學觀念。「三千煩惱絲」的典故出自後代中國文人之創作的說法，較出於翻譯自古印度佛經的說法，應該更有理據。

搜尋 Gandhara art 🔍

公元 2 － 3 世紀 Gandhara 的壁畫，畫中無論佛陀和其他人都是有頭髮的。印度人多屬卷髮，從古代印度地區的藝術創作中發現佛祖的形象頗為一致，都是把長髮束成端莊整潔的寶髻，只是有些藝術表現頭髮卷曲的程度不一。

Gandhara 乾陀羅國，是公元前 6 世紀已經存在的南亞次大陸國家，核心區域包括今巴基斯坦東北部和阿富汗東部，是印度大陸文明發源地之一，而且由於地處歐亞大陸連接點上，也在世界文明發展史上有著重要價值。Gandhara 佛教造像藝術是時代典範，對於佛祖時代他和他的追隨者的頭髮造型究竟是怎樣，非常值得參考。

第9講 自殺三步曲——談中式教學及考試制度之形成

這故事說來話長，來龍去脈，涉及二千多年的歷史。

❖第一曲：秦漢

焚書坑儒

在秦始皇三十四年（公元前213年），秦始皇採納李斯的建議：

> 非博士官所職，天下敢有藏詩、書、百家語者，悉詣守、尉雜燒之。有敢偶語詩書者棄市。以古非今者族。吏見知不舉者與同罪。令下三十日不燒，黥為城旦。所不去者，醫藥卜筮種樹之書。若欲有學法令，以吏為師。

> 《史記》＜秦始皇本紀＞三十三

簡單說當時有很多人以古非今，私相教學，談論詩書，這種人，叫做讀書人，儒家最多。李斯為了推行新政順利，得秦始皇批准，下令焚燒《秦記》以外的列國史記，對不屬於博士館的私藏《詩》、《書》等也限期交出燒毀；有敢談論《詩》、《書》

的處死，有敢以古非今的滅族；禁止私學，想學法令的人要以官吏為師。此即為「焚書」。

秦始皇其實是有焚書，卻沒有坑儒這件事。「談詩書」、「設私學」、「以古非今」這三種影響李斯執政的行為，自孔子以後儒家已經做了近三百年，開枝散葉愈做愈大，被這道禁令影響也就最大，儒家有多恨秦始皇，可想而知。「焚書坑儒」的「坑儒」是後代流傳誤導，並非真有其事。

李斯焚書，卻同時收集了各地的著作，保存在皇宮之內，可說是全中國有史以來第一座國家圖書館。

火燒咸陽

「項羽引兵西屠咸陽，殺秦降王子嬰，燒秦宮室，火三月不滅……」

《史記》〈項羽本紀〉

最後中國第一座國家圖書館被項羽一把火燒光了。中國自遠古至秦朝二千多年不是秦朝廷所喜的重要典籍就此灰飛煙滅。許多古代重要文獻，化為灰燼，就此失傳，這責任該由秦始皇、李斯和項羽三人共同承擔。

罷黜百家，獨專儒術

漢武帝於元光元年（前134年）徵召天下著名儒生入長安策問。其中董仲舒提出《天人三策》：「諸不在六藝之科孔子之術者，皆絕其道，勿使並進」。

1916年易白沙在《青年雜誌》卷1第六號上發表的《孔子評議》上，稱**「罷黜百家，獨尊儒術，利用孔子為傀儡，壟斷天下之思想，使失其自由。」**這「尊」其實不是「尊崇」的「尊」，而是「專制」的「專」。董仲舒用了李斯那招堅壁清野，守住自己的，消滅其他的，罷黜百家，獨專儒術。漢儒從此坑了百家。這一坑，坑了二千多年。

五經博士

獨專儒術後，漢武帝又成立了五經博士，以《易經》、《儀禮》、《書經》、《詩經》、《春秋》等博士合為五經博士。書經即尚書，主要是周代及以前的記言文字，儀禮以周禮為主，這都是孔子推崇的禮及先王之道，而易經、詩經和春秋都曾經被孔子大幅編輯整理，自此成為中國的標準版本。博士專門負責經學的傳授。五經博士的設置，使得通曉儒家經典成為做官食祿的主要

條件，從此確立了儒學和儒學經典在政治和教育上的權威地位。

於是中國的教育制度有了第一套官方制訂的**課程綱領**，以獨專儒術為主。

察舉制，舉考廉

漢武帝最喜歡打打殺殺，開疆闢土。北邊平定了匈奴，東邊佔領了朝鮮，西南攻陷越南，西征更打開了絲綢之路。所以今天的韓國和越南，其實自二千多年前就傳承了中國文化和開始使用中文字。版圖擴大的後遺症是人才不夠，於是漢武帝詔令各地舉賢。為怕各地隨便交人，這舉賢制卻是連座的，規定選任得當與否，選任者和被選任者都要負連帶責任，功罪獎懲相同。

　　由於選令過於苛刻，竟造成各郡未薦一人。元朔元年（前128 年），漢武帝又兩次下詔書明令必須定期舉薦人才，若有才不舉，輕則免官，重則以「不敬」罪論處。在漢代，「不敬」為重罪，法為斬首，甚至族誅。講真，各地的官員一不會看相批命，二不見得有伯樂的眼光，天曉得推薦的人最後適任與否？責罰既重又毫無成功把握，無人願意薦舉人才，這件事就此僵持不下。

　　聰明的董仲舒再次發揮儒術本領。他建議各地可舉薦**孝廉**各一人，孝即孝順，廉即廉潔。孝順的人必然忠誠，此出於論語。何況不講不知，漢朝皇帝死後都會追加孝字，所謂諡號，就是皇帝死後的尊稱：漢孝高祖、漢孝惠帝、漢孝文帝、漢孝景帝……等等，「孝」在劉性皇帝眼中，顯然是個很好的字。

　　舉孝子以奉漢孝武帝，頗有點投其所好，於是漢武帝大人又同意了。至於孝子和廉潔的人是否就有當好官的能力？此事實在難說，所以選出來的人還要進行考試。於是中國開始出現了第一次全國性公開選拔及考試，而且考得好就可當官，光宗耀祖，獲得權位。所有公開考試只有男性可以參加，從農業社會轉型讀書人階級主義社會的同時，進一步深化了男尊女卑的

性別歧視。（漢武帝下詔的故事，詳《漢書》＜武帝紀＞元朔元年冬十一月＞……）

❖ 第二曲：宋

科舉

從公元184年漢末黃巾賊之亂到公元581年進入隋唐時代，中國又經歷了四百年的戰亂。隋唐時代急需更多的人才為國效力，於是確立了科舉制度，從唐朝開始更有了進士、舉人、**狀元**等名號。考試的其中一個主要項目，是**記誦**。

原來死背書和考狀元這二件事，從一千四百多年前已經開始，世世代代在折磨中國學生，直到今天，我們仍迷戀十優狀元，仍有大量東西要求小孩死記硬背，以應付考試。

王安石變法，朱熹注書

雖然有了公開考試的科舉制度，不過唐朝是個非常開明的朝代，依然接受舉薦。例如著名詩人王維就是考獲進士得任官職，而李白並沒有經過公開考試，直接被賀知章舉薦，見到唐玄宗，還直接受封官號。最可憐是杜甫，考了二次都沒有考上，又無貴

人照應，終其一身，窮愁潦倒，鬱鬱不得志。到得北宋時期，雖然綱領仍以儒家思想為主，考試基本上範圍仍甚廣，可算自由發揮，蘇東坡寫了一篇關於政策應以求寬求簡的論述文章，考了個第二名，馬上贏得官位和名氣。

那是北宋仁宗嘉祐二年（1057）的事，蘇東坡應禮部試的文題是〈刑賞忠厚之至論〉，順利考得進士。後來主考官歐陽修見到蘇東坡就問：你文章中提到：「當堯之時，皋陶為士。將殺人，皋陶曰「殺之」三，堯曰「宥之」（宥：寬赦）三。」這是最重要的立論。如果立論不成，後面的推論就不成立。可是啊，我這麼有學問，卻找不到此事的出處。你是從哪裡讀到的？蘇東坡答曰：『想當然耳。』」意思是他是靠想像的。

公元 1068 年，與蘇東坡同朝為官的王安石提出變法，這變法包含了多樣國家政策的改變，雖然大多失敗告終，不過變到考試制度，可能王安石被蘇東坡那次「想當然耳。」影響，認為唐代以詩、賦、帖經取士，浮華不切實用，於是併多科為進士一科，一律改試經義。於是考試變成以考解釋經義為主，凡事有根有據，不能隨便吹牛一個遠古時期的不可考事件，當做依據。

既然要考解釋經義，舉凡涉及解釋，理所當然需要一套標準答案做參考。此後約一百多年，有位儒學家朱熹從禮記中截取了＜大學＞和＜中庸＞兩篇，加上本來的＜論語＞和他極力抬舉的＜孟子＞，輯成《四書章句集注》，變成從當時至以後的參考教科書。至元朝規定，經義考試首先要從四書中出題，答案須根據朱熹的《四書章句集注》而不得任意發揮，這本參考教科書就變成考試的標準答案。

於是中國人考試有了第一套標準答案和教科書。中國人必須跟從標準答案作答，這是後來奉行嚴刑統治的蒙古人決定的。（詳後文＜元朝的外語課綱＞）

❖第三曲：明清

八股文

到了明清年代，公開考試的內容出題以十三經為主，並發展出八股文的嚴格格式，八股文的字數更有限定。明初制度：鄉試、會試，用《五經》義一道，500 字。《四書》義一道，300 字。到乾隆之後限定字數一篇 700 字。於是中國人考試除有了限定內容，標準答案外，還有標準考試答題格式及回答字數。直至 1906 年，

科舉考試才正式結束，代之而起的是沿襲西方的公開考試制度。

回顧這段 2200 年的中國歷史，由此說明中國語文教育在歷史的長河中曾經歷了三場大規模的自殺：

秦漢時期是文明的自殺。

從公元前 770 年的東周進入春秋戰國時代，最後由秦始皇於公元前 221 年統一天下結束，這 550 年卻是中國人思想最自由奔放，智慧高超的時代。周重視祭祀先人，敬宗法祖，以之建立了男權社會，倫理框架，也成為後來孔子儒家思想的基礎。

為了方便秦皇漢武的管治，本來百家爭鳴的思想，自洪荒至先秦二千多年的歷史文明，不是被燒了，就是被禁了，變成獨專儒術。所謂儒術是用來服務皇帝的，借用儒家學說之名進行統治和教化，從此與孔子的本來思想距離愈來愈遠。

讀書之目的有千百種，漢儒卻借用孔子之名向百姓洗腦，讀書只為考試做官報效國家。修身齊家治國平天下，孔子說的。孔子其實並不排斥在河邊唱唱歌，曬曬太陽，所謂人各有志，每個人的志向不一樣。「**吾與點也**」。（詳後文＜孔子這個人＞）

而重男輕女，女子不得干政，傳男不傳女，卻是周朝姬姓家

族的傳統。因孔子肯定周禮，後代腐儒就死抱住周家的倫常觀念，一代一代守住這男女不平等。中國人重男輕女，至今猶是。（詳前文〈三千年的冤情〉）

自殺的後遺症是：讀書只是男人要爭取功名的方法，而讀書的內容只有唯一的儒家思想。

宋代是儒家的自殺。

儒家思想博大精深，孔子的教育方式全面而開明，甚至因人而異。孔子七十門徒，能人輩出，不是只有一個「巧言令色」的孟子和一個「參也魯」的曾子。偏偏世上有一校長朱熹極力推崇孟子和曾子，偏偏他的教科書被選為全國教科書，再從全國教科書變成全國公開公務員考試的標準課綱和標準答案。這無疑是再來一次罷黜百儒獨尊朱儒了。

自殺的後遺症是：儒家思想內容只剩下唯一的朱熹解讀版本。

自宋至清，是形式的自殺。

從漢武帝要求舉考廉到今天的中國語文教學制度和考試制度，基本上是追隨著政治管理的需要：

1. 因為需要人才，所以要舉賢。

2. 因為要分辨誰真的有才無才，所以要考試。

3. 因為要考試，就要有制度，有評分標準，有考綱，也就是課綱。

4. 為了符合考綱，考綱要考記背，學生就要苦練背書，隨時引經據典。

5. 考綱要考解經義，一要會記，第二要會解，就要看有沒有標準解法，於是有人出版標準教科書。

6. 因為人口愈來愈多，考試制度愈來愈複雜，層而上之，一切就須標準化，考官要有出題範圍和評分標準，學生要有答題範圍，於是標準教科書之外要有標準依據，不能像蘇東坡想當然已而查無出處。

7. 為了方便評比，標準格式，逐漸包含標準文章結構和字數。

8. 而要獲取高分，除了熟背如流外，自然要旁徵博引，於是經義之外會混合歷史，歷史之外混合文化，次及文學。

9. 最後，為得考官青睞，更可能呈皇上大鑒，當然要書法漂亮，乾淨俐落。

10. 因為都要這樣考，就只能這樣教授；因為都是這樣教授，就只能這樣學習了。

從前的儒術教學觀念，主要是為了服務政治，教育只是附屬，今天已無此必要。

從前的偏頗「正」派思維，今已無此枷鎖，社會進步，時代文明，中華五千年所有佳作，今天都可以成為珍貴教材。

從前德育教學／文學訓練／語言訓練三者混淆，還要兼顧了解中華文化和訓練藝術書法，互相糾纏不清，今天可以依不同教學目的和能力指標進行劃清。

從前教育是為了應試，考得好就有前途，今天現代人的就業前途已經不再依賴中文程度，教與學的態度和焦點都應該回到中文能力的培養，無論是應用中文、文學或創作。教學目的不一樣，教學和考核方式自然也完全不一樣。

從前熟習權威的標準答案為成功之道，今天標準答案在語文訓練的領域顯然毫無意義。

希望現代中文教學可以更輕鬆地放下傳統包袱，邁步前行！

第 10 講　孔子這個人——兼談論語

　　孔子可以說是影響中華文化最深遠的一位先哲，也可以說他只是個掛名，因為後代很多政客只是假借孔子及儒家之名，以傳達許多扭曲的思維和實行他們自己的政治及教育手段。想了解史料，最好自己讀原文，追尋原始資料。想了解孔子這個人，最好是研究論語。

　　孔丘（前 551 年－前 479 年），字仲尼，後代敬稱「孔子」，就是「孔老師」的意思。孔子身型高大，換算今天約有 186 公分，是職業籃球員的身材。他的樣貌卻有點古怪，古代畫家根據古書記載，就把孔子畫成額頭凹陷，露出一對哨牙，想像起來其實更加搞笑。到底真相如何？除非穿梭時空 2500 年親眼所見，否則好難接受也……信不信由你，不妨上網搜尋一下古人所畫的孔子造型。

　　孔子是東周春秋末期魯國的哲學家，也是中國古早文化從事古籍編審的學者。從他手上整理了古代的重要文獻為《尚書》、古代的禮儀為《儀禮》、古代各地的民歌、朝歌和祭歌為《詩經》、

古代占卜的卦書為《周易》、以魯國為中心的近代史為《春秋》等。還有一部《樂經》可惜已經失傳。孔子之前，各種歷史文化資料只保存在皇室和官員之間，孔子有系統地分門別類編輯成經籍，流傳至民間，如果說中華文化有五千年歷史，古代作品開始普及至老百姓是自孔子完成幾部經書之後，大概就是 2500 年前。

孔子為儒家思想的創始人，中國歷代讀書人公認他是最偉大的老師，所有讀書人和老師學生的榜樣，世稱「萬世師表」。他提倡教育需包含六個範疇：**禮樂射御書數**。禮是孔子最重視的維持社會秩序的規範，包括對上天的祭祀，對君主及國家的態度，社會的倫理，個人的品行等。樂是音樂，古代的禮儀都有音樂伴奏，有禮必須有樂。射是射箭，御是駕駛戰車或策騎馬匹的技術，春秋戰國時代，習練射御之術保衛國土是男兒之責。

最後才是書、數。如果用今天的德智體群美來分類，禮是德和群，樂是美，射御是體，書數是智。孔子提倡的君子之道，仁者，著重是德育和群育，德育是君子之道，群育就是禮，其次是強身健體保家衛國的射御之術，而智是放在最後的。自西漢漢武帝時代董仲舒的獨尊儒術政策開始，整個儒術的發展只著重文人科舉制度和文官的培育，基本上已經偏離了孔子儒家六藝的教育理念，而只偏重才智的發展。

❖最偉大的老師

跟孔子上課是很有趣的事：

某天子路、曾皙、冉有、公西華陪坐，曾皙一邊在奏琴，孔子說：「不要顧及我是長輩而不敢講真話。你們經常說，沒人理解你們，如果有人理解並重用你們，你們打算做些什麼？」

子路急忙說：「較大國家，夾在大國之間，外有強敵入侵，內有饑荒肆虐，我來管理，只要三年，可使人人有勇氣，個個講道義。」

孔子微笑。「冉求，你呢？」答：「方圓幾十里的地方，我來治理，只要三年，可使百姓衣食充足，至於精神文明，要等能人來教化。」

「公西赤，你呢？」答：「我不敢說我能做得很好，但願意學習。祭祀的事，外交的事，我願意穿著禮服，做個好助理。」

「阿點，你呢？」曾皙彈琴正接近尾聲，他鏗地一聲放下琴，站起來說：「我與他們三位不同。」孔子說：「說說有什麼關係？只是各談各的志向而已。」曾點說：「暮春三月，穿上

春天的衣服，約上五六人，帶上六七個童子，在沂水邊沐浴，在高坡上吹風，然後一路唱著歌回家。」夫子感嘆說：「我最認同阿點（曾皙）的志趣了。」

其他三人走後，曾皙問：「他們三人的話怎樣？」

孔子說：「祇是各談各的志向而已。

「您為何笑仲由呢？」

「治國要講禮讓，他的話一點也不謙虛，所以笑他。」

「冉求談的是治國嗎？」

「怎麼見得治理方圓幾十里的地方就不是治國呢？」

「公西赤談的是治國嗎？」

「祭祀和外交，不是國家大事是什麼？如果公西赤祇能當助理，誰能當總理？」

跟學生談理想，旁邊又有學生在彈琴，是不是很有趣？每個人一生唸了十幾二十年書，遇過超過一百位老師，曾有幾人會跟一班學生一起討論各人的夢想？老師或許有不認同的地方，但既然鼓勵學生說，就不會當場掃興去教訓或糾正他們。孔子這位老師是很體貼年輕人的面子的。還有很重要一點：孔子並

沒有一定要每個學生為國為民，犧牲小我完成大我，他也贊同學生阿點可以在河邊優哉悠哉與民同樂。

《論語》第一章＜學而＞第一句：老師說**「學得的東西可以經常拿出來練習使用，不是非常喜悅嗎？遠方來了朋友，不是非常快樂嗎？別人誤解你而你不慍怒，不也是君子嗎？」**孔子這個人，好客又大方，強調學以致用。

對於舊知舊識，孔子並不提倡標準答案：**「溫故而知新，可以為師矣。」**溫習典故而能悟出新道理，可以當老師了。**「學而不思則罔，思而不學則殆。」**只讀書而不思考就會迷失，只空想而不學習就危險了。

孔子是個仁厚的君子，言行一致。他說話簡單直接，不加修飾，更不喜歡說話機巧喜歡察言觀色的人。他說**「巧言令色鮮矣仁。」**花言巧語討人歡喜的人是很少有仁德的。也說**「君子欲訥於言而敏於行。」**君子就是少說話而行動果斷敏捷。**「剛毅木訥，近仁。」**看來，聰明靈活，能言善辯，無論君主說什麼，他都能夠因勢利導討君主喜歡的孟子，並不是孔子認同的風格。

孔子對於學習這件事態度是開放而投入的。「**學而時習之不亦樂乎。**」他學到什麼會常常拿出來練習。「**知之者不如好之者，好之者不如樂之者。**」懂得的人不如喜好的人，喜好的人不如樂在其中的人。「**三人行，必有我師焉。擇其善者而從之，其不善者而改之。**」三人同行，必有一個可以當我老師的。找到他好的東西我就跟從，找到他壞的東西我就改過。

孔子不是個喜歡被拍馬屁被崇拜的老師。顏淵是他最愛的學生，聰明絕頂聞一而知十，對孔子非常尊敬。顏淵英年早逝，孔子傷心大哭，說「**天喪予！**」老天要我的命呀！可是孔子對顏淵的評語卻是「**回也非助我者也，於吾言無所不說。**」顏回不是個可以幫助我的人，因為他對我說的話沒有一句不喜歡的。如果你是一個老闆或領袖，所有人只會認同你，把你奉若神明地尊敬，你就危險了。

事實上孔子很重視「知人」這件事：「**不患人不自知，患不知人也。**」他對每個學生的觀察入微，對他們的評語是很精闢的。例如他常掛在口邊提醒學生的缺點：「**柴也愚，參也魯，師也辟，由也喭。**」參就是曾參了，曾參是影響中國傳統思想

非常深遠的《孝經》的作者，上文河邊彈琴的曾皙是他老爸，魯是粗略，不夠精細的意思。

有一天，孔子在學堂對曾參說：「參乎！吾道一以貫之！」參啊，我的道理用一個概念就可以貫通了。曾參說：「是啊！」孔子出去以後，學生們問曾參說：「老師的話是什麼意思呢？」曾參說：「老師的思想，無非忠恕二字而已。」

縱觀整本論語的記述，如要一以貫之，孔子之道就是「仁」了，曾參大刺刺幫老師下了二個字的註解「忠」「恕」，孔子說一而曾子解說為二，實在相當粗魯兼魯莽。可見孔子真的沒有看錯人。

孔子有時候是很幽默的。子之武城，聞弦歌之聲，夫子莞爾而笑：**「割雞焉用牛刀？」**意思是，這有點小題大造了吧，而他用牛刀割雞作比喻，卻十分風趣鬼馬。另一次，他說**「飽食終日，無所用心。難矣哉？不有博弈者乎？為之，猶賢乎已。」**有些人整天吃飽無事幹，無所用心，不是流行下棋嗎？去下棋也比總日無所事事好啊。

「惟女子與小人為難養也。近之則不遜，遠之則怨。」

女人和小孩子是最難相處的，跟他們愈靠近，他們就愈不尊敬你，跟他們離得遠了，他們又會抱怨。

孔子說出這句話，大概長年流離在外，家中的妻子和孩子有所怨言，家庭生活並不十分美滿吧。孔子其實像我們上班族的大男人整天在外面拚命，忽然感歎起自己的家庭煩惱。這句話卻是入心入肺，千古流傳。

孔子「述而不作」，他一生言行一致，他編春秋，輯詩經，刪周易，學生把他的言行記述在論語中，他卻真的沒有出版過個人著作。想學習孔子的道理，最好是來來回回把一部論語讀懂讀透。春秋時代大概只有三種文體：記言文、記事文、詩。詩言志，抒發心中所想，尤其是個人的志向。記事文敘述歷史，常常會加插編者的評語，例如後來的史記。論語是記言文，就是由學生記錄當時老師的說話，中間不會加油添醋，跟記錄耶穌言行的新約聖經，是類似的，只是論語更集中在記錄孔子之言，而不在其行而已。

孔子「知之為知之，不知為不知。」對於不知道的事情是不

會亂作評論或陳述的，所以「**子不語怪力亂神**」。而且，「**敬鬼神而遠之**」不是要反迷信，而是對於不能了解的信仰心存敬意但遠離之。所以孔子可算是一個訥於言、拙誠的君子。

孔子一生政治上不算順遂，待過魯國衛國齊國都沒能發揮到他的政治理想，晚年回到魯國專心編寫古籍，以編年史的方式編了《春秋》，收集各地民歌及周朝的禮樂編寫了《詩經》三百篇，整理了《周禮》，增刪了《周易》。由一幫出色的弟子在齊魯之間一直廣泛傳授給世人孔子的儒家思想，所以當李斯借秦始皇之名焚了民間的書，項羽又一把火燒掉了秦朝的國家圖書館，孔子的儒家學派卻仍保留了最完整的著述留傳後世。這是孔子對於保存中國先秦文化最偉大最重要的貢獻。

孔子的人生哲學，簡而明之是君子之道，言行一致，誠於己誠於人，君子的態度就是敬和志，敬天地敬祖宗敬君主敬父母，而君子之志是「**知其不可為而為之**」，堅定追求自己的理想，實踐自己的信念。這些全部加起來，就是仁了。

熟讀論語後就會了解孔子真正的為人和思想，就會知道從曾參孟軻開始，乃至董仲舒或朱熹之輩的註解，盡多偏離孔子

的原意，因時因地滲進自己的意思。那些政治寄生蟲，眼見前車可鑑，既然你假借得孔子之名說自己的話，我當然也可以有樣學樣，於是在儒家治國的千百年來，許多愚蠢或專制的無理之事，常常假託孔子或儒家之名，孔子的意思是這樣，儒家的意思是那樣…………真是冤哉枉也。孔子九泉之下，是不需要承擔這筆幾千年的流水帳的。歷代古人以至今天的台灣政客，妄言儒家治世，儒家教育，實際上距離孔子的風範和真實儒家的理念，何只十萬八千里遠！

孔子是個偉大的學者和思想家，也是能夠了解學生啟發學生的好老師，更是個言行一致，知其不可為而為之的君子和硬漢，無論歷盡何種艱辛，都堅守自己的信念活下去，從不動搖改變。外國人問我，我都會說：Johnny（**仲尼**）is the all time best teacher in China ！（**孔仲尼是中國從古至今最優秀的老師！**）

❖經書的源起：

西漢時期的出土文物：簡牘

　　古代沒有紙張，猶太人寫字在羊皮上，中國人寫字在竹簡上，其毛筆字書法跟你和我的差不多一樣醜。竹簡是戰國至魏晉時代的書寫材料。是削製成的狹長竹片（也有木片，稱木簡），牘比簡寬厚，竹製稱竹牘，木製稱木牘。均用毛筆墨書。冊的長度，如寫詔書律令的長三尺（約 67.5cm），抄寫經書的長二尺四寸（約 56cm），民間寫書信的長一尺（約 23cm），因此人們又稱信為「尺牘」。

　　後來不用竹片了，這個牘字就再沒有什麼用，為了背書每天要用嘴巴唸書，部首「言」的「讀」字就此產生，通用到現在。古代南北叫「經」，東西叫「緯」。讀書是讀一支支竹片，從上到下從南到北的唸，所以叫做「經」。所謂經書，意思只是「直排的文字」。（中國古人看方向自己是北，上面是南，所謂坐北向南，南北，是從上到下，捧著竹簡閱讀，是從前方讀到自己這邊。）

第11講 詩經考

孔子最大的成就，是刪輯了五經，通過儒家弟子們的傳承，即使經歷二次焚書浩劫（詳見前文＜自殺三步曲＞），仍能將上古的文化保存下來。

不過有時候我想：如果當年孔老師能夠大方一點，少刪一點，能夠保留下來的歷史文化就可以再多一點了。我這樣想，是否太貪心了一些？

傳說當時原有古詩三千首，孔子只選了三百零五首詩，編成《詩經》。

在 2500 年前詩的作用是用於搭配音樂演出的文字，詩可謂中華文學創作的始祖。在春秋時代，大概只有三種文體，一種是記事文：某年某月某日，發生了什麼事；第二種是記言文：誰，說了什麼。第三種文體，就是配合音樂演出的詩。

教科書通常如是說：詩有六義，風雅頌是內容分類，賦比興

是寫作方法。某天我好奇心起，翻查原始資料卻不是如此說的。

最早提及「詩有六義」的是《周禮》，此書又名《周官》，史學家推敲此書完成於孔子之後的戰國時代，裡面詳述周朝的官員制度和工作範圍，每個人的工作職務負責什麼，編制多少，使用什麼工具，如何執行，比起今天國際企業常用的 job descriptions（職位描述）還要詳盡。

「詩有六義」見於《周禮》〈春官宗伯篇〉。宗伯的工作是管理王室禮儀，舉凡主君出行射獵宴客用餐外交行軍祭祀或登基或治喪，都有不同的規範，包括現場的禮儀程序和歌舞音樂，牲畜服裝旗幟，都有講究。

其中最講究的是音樂部分，祭天祭地祭山川祭河流，指定不同的音樂和歌舞。宗伯之下有大司樂一職專管音樂教化──

大司樂：掌成均之法，以治建國之學政，而合國之子弟焉。凡有道者、有德者，使教焉；死則以為樂祖，祭於瞽宗。以樂德教國子：中和、只庸、孝友。以樂語教國子：興道、諷誦、言語。以樂舞教國子舞《雲門》、《大卷》、《大咸》、《大韶》、《大夏》、《大濩》、《大武》。以六律、六同、五聲、八音、六舞大合

樂，以致鬼神示，以和邦國，以諧萬民，以安賓客，以說遠人，以作動物。

大司樂之下，有二個音樂官叫做大師——

大師：下大夫二人。小師，上士四人。瞽矇，上瞽四十人，中瞽百人，下瞽百有六十人。視瞭，三百人，府四人，史八人，胥十有二人，徒百有二十人。

所以這個國家級樂團，由二位大師負責管理和訓練，大概有八百人。而大師的工作包括：

大師：掌六律、六同，以合陰陽之聲。陽聲：黃鐘、大蔟、姑洗、蕤賓、夷則、無射。陰聲：大呂、應鐘、南呂、函鐘、小呂、夾鐘。皆文之以五聲：宮、商、角、徵、羽。皆播之以八音：金、石、土、革、絲、木、匏、竹。**教六詩，曰風，曰賦，曰比，曰興，曰雅，曰頌**；以六德為之本，以六律為之音。大祭祀：帥瞽登歌，令奏擊拊；下管，播樂器，令奏鼓棟。大饗，亦如之。大射，帥瞽而歌射節。大師，執同律以聽軍聲而詔吉凶。大喪，帥瞽而廞；作柩謚。凡國之瞽矇，正焉。

　　是的，就在這一長串音樂官的編制和職務範圍當中，第一次提到詩，而其說法是：大師的工作包括教導他的整個樂團這六種詩的德（內涵）和律（旋律）。他的劃分，並不是風雅頌賦比興。

　　請注意這是宮廷內的文獻，不容一絲錯誤，用字排序都非常嚴謹。例如同文說到的八音，就是金石（硬物，金屬對石頭），土革（陶製品對皮革製品），絲對木，匏竹（匏類似葫蘆，跟竹都是中空的），在材質和音質上，一物對應一物。

　　中間的考究過程，這裡不多說了。簡而言之，我認為六詩的分類是以音樂官的角度去分的：

　　風：各地民間流傳的民歌，是有旋律有歌詞的。簡稱民樂。

　　賦：說文解字：賦者，斂也。通常是君主徵收，才會用到賦字，例如賦稅。因應周室王朝及各地諸侯國的君主要求，從士大夫／文人收回來的韻文，這些韻文是沒有旋律，尚未有曲譜的。因為賦沒有曲譜，後來演變成漢賦，就是可供吟哦的韻文。風和賦，是互相對應的二種文字內容，一種是民間千百年流傳下來的，可能已經有基本旋律了，另一種是文人呈交上來的，沒有旋律曲譜。

比：一句跟著一句，叫做從。二句並列重複的，是比。因為詩是要配合編舞的，舞步在重複的旋律中才好發揮。如何處理密集重複的旋律，配合音樂和舞蹈，是另一個課題。

興：說文解字：興者，起也。詩的起，也是音樂的起，舞蹈的起。用今天的表演語言就是開場，開場很重要。比和興，是二種編排歌舞和奏樂的重要旋律處理。

雅：雅就是正樂，在正式場合使用的各種歌舞音樂演出。

頌：頌是神樂，用於祭祀場合的各種歌舞音樂演出。雅和頌，是二種正式演出作品的分類，雅是對人的，頌是對天地鬼神的。

詩在整個音樂表演中負責文字演繹的部分，就是所謂德的表達部分，因應這些符合不同場合的文字詞句，樂官選擇適合的樂器，編排出合乎禮儀的音樂格律，然後載歌載舞地演出。

從樂官的角度，音樂與歌舞文字的融合是最重要的，文字卻不是最重要的。樂官的六詩：風和賦，只是文字來源，要了解文字的內涵，再為之編排歌舞和奏樂。比和興只是中間和開頭段落的歌舞樂曲之編排和處理，而雅和頌是正式演出的完整作品。這六詩，涉及六德和六律，要先讓整個樂團八百人都能掌握。

後代儒者沒有孔子的音樂天份，沒一個繼承到孔子在音樂上的衣缽，孔子編修的第六本經書《樂經》又不幸失傳了，儒學家單從文章上分析詩有六義，源於周代音樂官針對音樂演出去教授六詩，那是張冠李戴了。

孔子編輯詩經，是以場合／體裁作內容分類的：風是民間流傳的民樂，雅是代表國邦禮儀的正樂，頌是祭祀的神樂。這個分類合乎邏輯和實際需要。為什麼當中沒有賦？因為單有文字的韻文不叫詩呀，要配成音樂用於宮室宗廟成雅或用於祭祀成頌才叫詩，或在民間流傳流行了，變成民歌，那就是風了。賦只是尚未配樂成詩的韻文，而詩，直到盛唐的近體詩，都還可以搭配楊貴妃的歌舞。

宋代朱熹說：「**賦者，敷陳其事而直言之者也**」，「**比者，以彼物比此物也**」，「**興者，先言他物以引起所詠之詞也**」。當時的記事文，哪一篇不是敷陳其事而直言之者？這不能說是古代詩的特色。比者，不一定是比喻，有別於古代的記事文和記言文平舖直敘，詩經的句法使用密集的並列句，比只是並排並列重複句式的意思，是配合音樂和編舞的需要，當中有用到比喻，更多卻只是使用排比並列的句法。興者，就是開頭而已，中式文學和音樂向來都重視開頭，比起記事文開頭就是「何年何月何

日」，記言文開頭就是「誰人說」，詩的開頭千奇百怪，什麼都有。當然有「**先言他物以引起所詠之詞**」例如「**關關雎鳩在河之洲窈窕淑女君子好逑**」，但也有更多是「不言他物直接入題」的，猶見於大雅和頌。

後人以朱熹版賦比興的定義來框架詩經的解讀，其實多有不足，難以自圓其說。

詩以言志，古代「志」的解釋就是「心之所向」，「心思」。詩可以抒情，可以述說理想，可以表達男歡女愛，可以表達愛國情懷。詩經中的「風」收集了各地流傳下來的民歌，多是男女間的思慕愛戀之情，老百姓的流行曲以愛情主題為主，幾千年來不變，這才是人的本性！

孔子說：詩三百，一言以蔽之，思無邪！

所以聽說讀寫學情詩，其實都無傷大雅。

至於「詩經就是風雅頌三種文體和賦比興三種寫作技巧」這種說法是有偏差的，就不要當作口頭禪了。

搜尋　說文解字　🔍

　　中文的常用文字字貌二千多年來沒有太大轉變，其字義卻不斷隨著時代而豐富。孔子生平，是在公元前五百年左右的春秋時代，而《周禮》是戰國時代的文獻，《說文解字》完成於公元 120 年的東漢時期，收古代中文字 9353 個，距孔子約六百多年的歷史，對於文字的解釋雖然精簡，卻也最貼近當時的意義。研究先秦文獻，我會盡量參考漢代文獻的說法，而不是更後代的增補。

元朝的外語課綱

　　香港大學是世界大學排名前 50 大之一，它的校徽，有「明德格物」四字，代表大學教育的精神是**彰顯良好的品德，探究事物的真理。**

　　明德格物出自《大學》，《大學》原本只是《禮記》的其中一篇文章。《禮記》是儒家的經典著作之一，傳說其所收文章都是孔子的學生及戰國時期儒家學者的作品。到宋朝朱熹（1130 年－ 1200 年）卻把把這篇文章獨立拉了出來，說是孔子口述曾參編寫的。當年朱熹當官不順遂，回家鄉開了家書院，他的課綱是這樣編的：「**先讀《大學》，以定其規模；次讀《論語》，以定其根本；次讀《孟子》，以觀其發越；次讀《中庸》，以求古人之微妙處。**」後人盲從朱熹，以為學習儒家思想，必先要從《大學》開始。他又編了一部教科書，叫做《四書章句集注》。

　　朱熹約死於公元 1200 年。蒙古人於公元 1271 年滅了宋朝並統一中國，改國號為元朝。當年成吉思汗縱橫整個歐亞大陸，

「**有太陽的地方都是蒙古鐵蹄的土地**」。蒙古人全盛時期領土面積估計有 4400 萬平方公里，以今天的中國國土面積約 960 平方公里來算，是超過 4.6 個中國的版圖。攻打中國只是蒙古軍團其中一股兵力，這個人數有限的遊牧民族要管治全中國這麼大自然人力不足，當然需要大量公務員尤其是文官輔助，於是皇慶二年（公元 1313 年），元仁宗下詔令恢復科舉。這時候，朱熹這套教科書，已經流傳了過百年，應該是中國最多人知道的書院教科書。

　　蒙古人招考公務員，當然歡迎外國人參加考試。元代科舉考試的內容，亦有「蒙古、色目」、「漢人、南人」之分，所試科目及難易程度有所不同。皇慶 2 年所頒：「蒙古、色目」只考二場，難度較低：「**第一場經問五條，《大學》、《論語》、《孟子》、《中庸》內設問，義理精明，文辭典雅為中選。用朱氏《章句集註》。第二場，策一道，以時務出題，限五百字以上。**」

　　中文博大精深，歷史悠久，元朝只取用一個標準版本答案的經問五條，原來是為了外國人考公務員的需要，這課綱是外國人用來考中文的外語課綱，蒙古人的政治決策其實十分合理。

到了朱元璋推翻元朝後的洪武三年，為了大量招聘公務員，於是擴大科舉制度，鼓勵年輕男子應試，只要通過第一關考試，就可得到秀才名銜。秀才的特權包括在縣官前面不用下跪，獲得鄉里老百姓的尊重，而且不用服徭役。所謂徭役就是男子義務性的勞役：包括修城、鋪路、防衛鄉里、戍守邊疆等工作。當上秀才，基本上已經擺脫平民身份，變成上等人，或名或利都有所得益。

　　可惡在這個考試的課綱用回到本地老百姓身上，內容卻無大改變，仍是以解經為重點，以朱注四書為標準讀本答案！

　　我不敢說朱注的四書有什麼不好。就算朱熹的注解真有什麼不好，經歷八百多年眾多大學問家的修正和補述，也必定差不到哪裡去。問題是中文的源流不只儒家一脈，儒家的思想解讀更非只有朱熹一脈，各家各派的重要思想和作品，因為考試不考，無關前途和個人利益，就都相對不重要，逐漸被忽略了。

　　這種以小偏蓋大全的課綱設計，和習以為常的以標準答案解釋題目的考試，其實本來只是一個方便外國人應考本地公務員的簡便方法。外國人考本地文化科目，當然是給它標準教科書和標

準答案！誰知改朝換代後，蕭規曹隨，因循守舊，讓這種教育理念像不死病毒一樣代代遺傳至今；影響所及，就是我們今天自小學到中學面對的教綱、教本和教學方法、考試規範了。

原《禮記》整篇＜大學＞講道理的部分其實只有幾百字：

大學之道：在明明德，在親民，在止於至善。知止而後有定，定而後能靜，靜而後能安，安而後能慮，慮而後能得。物有本末，事有終始，知所先後，則近道矣。

古之欲明明德於天下者，先治其國；欲治其國者，先齊其家；欲齊其家者，先修其身；欲修其身者，先正其心；欲正其心者，先誠其意；欲誠其意者，先致其知；致知在格物。物格而後知至，知至而後意誠，意誠而後心正，心正而後身修，身修而後家齊，家齊而後國治，國治而後天下平。

自天子以至於庶人，一是皆以修身為本，其本亂而末治者否矣；其所厚者薄，而其所薄者厚，未之有也。

＜大學＞經一章　全文

以上這篇文言文句讀不難，不再贅文翻譯。可能正因為文章顯淺，朱熹才把它放在四書的開頭，作為讀儒家書的綱領。《大學》

原不分章節。後來朱熹按其內容編成《大學章句》，將《大學》分為經一章，傳十章。並說：「經一章，蓋孔子之言，而曾子述之；其傳十章，則曾子之意，而門人記之也。」上文就是經一章的全文。後面十章，是針對上文的重要字句進行詮譯。

孔子述而不作，這當然不是孔子寫的。

如果是孔子口述之言，這篇文章的結構，環環相扣，句法嚴謹而工整，修辭上大量運用頂真句，連環追殺，氣勢咄咄逼人，風格似孟子多於孔子，似戰國時代多於春秋時代。第一比對論語，這不會是孔子平常說話的語氣，也不似春秋時期人物說話的方式，有點反覆囉嗦；第二假如這是一段孔子講過的說話，如此重要的內容，不應只有 1700 年後的朱熹才識貨，無理由不曾記錄在論語之上；第三這種修辭方式，分明是寫作出來的，隨便口述如此嚴謹而暢順，暢順而緊湊，緊湊而帶點咄咄逼人的氣勢，這絕不會是孔子風格，假冒孟子或許有人相信。後代學者多認為此文應寫在戰國末期至漢初。

《大學》這篇文章講的是大學之道，即使不是出自孔子本人的金口，在《禮記》有限幾十篇文章中，這仍是重要的其中一

個章節。

　　站在現代教育的立場，大學是不是孔子說的其實不重要，「明德格物」這四個字有沒有道理比較重要。彰顯品德，探究事物的真理，尋根究柢，追求學問，作為一家頂尖大學的教育精神，正是恰到好處！

第 13 講　小學

❖ 活版印刷術

　　古代文字紀錄如要量產，可沒有複印機，全世界的人類在發明活版印刷術前，都是用雕刻印章或雕版的方式印刷，這種方式在內容上就難以隨意量產。不是非常重要的東西不會花時間雕刻一個凸版出來再大量印刷發行，所以重要的文字記載的東西，通常是皇室或朝廷的官員用來記載歷代祭祀的禮儀、皇室歷史或重要講話，頒布政令或後來宣揚佛經。尋常老百姓要傳授知識，只靠口耳相傳，用腦袋記住。

　　考古學家說中國文化最少有五千年歷史，不過直到一千年前，北宋發明家畢昇（990 年－1051 年）才全球第一個發明活版印刷術，那時候多數是用來印佛經，距離普及出版仍非常遠。所謂活版印刷術其實就是排字粒印章，拼字成句，拼句成篇，在電腦文書系統普及之前，大概三四十年前，現代人的印刷方式仍是使用「執字粒」拼字成句的活版印刷術。

　　活版印刷術對於英文就簡單得多，你只需要大量生產

二十六個英文字母就可。中文依據當時的最完整字典《說文解字》，部首有 540 個，文字有 9353 個。如果你把部首當字母，大量生產部首，中文字有左右分，上下分，內外分，上下又有一層兩層三層的結構，最討厭是那個點，東南西北上下左右都點得，利用部首拼合字模來印刷是明顯行不通的，只能完整地一個字一個字去拼字成句。

活字印刷，同一版有三個「我」，你就要雕刻出三個「我」，王羲之蘭亭集序連他自己的名字在內有二十一個「之」字，你就要在同一版裡雕刻好足夠的「之」字排上去，才能印刷。印佛經比較多，一來是皇帝旨意，二來可能因為古代人認為雕刻佛經也是一種修練和功德，所以有更多人願意參與這雕刻字模的苦差事。

印刷不盛行，讀書考科舉又這麼重要，而且三不五時又打仗，所以直到元朝，普羅百姓都是靠記誦來傳授和記住知識。古人重視記誦，實因中文文字的特色是方便記誦，而且活版印刷術一直無法普及的緣故。

❖小學的來源

宋仁宗慶曆年間（1041 年－ 1049 年），畢昇發明了膠泥活字印刷術。不過直到二百多年後 1241 年至 1250 年楊古為忽必烈的謀士姚樞用活字版印刷朱熹《小學》、《近思錄》和呂祖謙的《經史論集》等書散布四方，中國才有了第一批大量透過印刷術量產然後透過官方發行的書本。官方發行書本，是為了進行道德教化。

你沒有看錯，中國第一批官方發行的活字印刷書，其中兩本是朱熹寫的，其一叫做《小學》，講的是初級教學。

朱熹曰：「後生初學，且看《小學》書，那個是做人的樣子。」

立教第一

子思子曰，天命之謂性，率性之謂道，脩道之謂教。則天明，遵聖法，述此篇，俾為師者知所以教，而弟子知所以學。

朱子說：「寫此書，是讓老師知道怎樣教，學生知道怎樣學。」

立教一

列女傳曰，古者婦人妊子寢不側，坐不邊，立不蹕，不食

邪味，割不正不食，席不正不坐，目不視邪色，耳不聽淫聲。夜則令瞽誦詩，道正事。瞽盲者，樂官也。如此則生子，形容端正，才德過人矣。言妊子之時，必慎所感。感於善則善，感於惡則惡也。

朱老師的小學教條第一條是教孕婦如何懷孕：坐要正，立要正，躺要正，食要正，目不邪視，耳不聽淫聲。晚上要濛住雙眼，背誦詩歌，說正經的事。如此生出來的孩子，才會樣貌身材端正，而且乖巧聰明。懷孕之時，要對自己的感官謹慎，感受到好的就會好，感受到不好的就會不好。

這本《小學》是朱熹和他弟子劉清之聯手合寫的，分內外六篇共五萬多字，全篇都是洗腦程式，引經據典而胡說八道，充斥大量傳統封建不文明不合乎科學更是男女不平等的腐儒思想，其中女性應被約束言行甚至被禁言禁足的規矩，彷彿古代女性都是新冠狀病毒（Corona Virus 19）傳播者必須被隔離看管。他們寫這書的時候，自己腦袋應該已裝滿很多水。

無奈這是官方認定而且極少數能普及的書本，老百姓從此被教導男孩子必先讀《小學》，《小學》讀完從《大學》開始研讀四書五經，然後參加科舉考試。女孩子就由父母依據《小學》

去教導，直至她出嫁從夫，懷孕生子。

今人仍介紹《小學》是「中國國學經典，值得參考」……云云。我絕對同意這是中國國學經典，它是經典反面教材，中國國學之恥。

朱熹先生之偉大，主要是被蒙古人用政治捧紅的，既指定《四書集注》為外國人指定考綱課本，又以《小學》《近思錄》為第一批官方以新科技活版印刷術大量印刷民間免費發行的指定讀本。元朝一百年，成就了一個比孔子孟子更偉大的儒家思想家，偉大到足以入廟被供奉的紫陽夫子。

去到十四世紀的明朝，木活字版印刷術終於流行起來。全中國自春秋時代魯班師父開始就不缺木工，由此民間印刷業才開始興旺，只要不陷於文字獄得罪奸臣和太監，什麼書都可以大量印刷發行。無奈為時已晚，這時候《小學》的道理進入家家戶戶父母和老師的腦袋，代代相傳，已經不知多少代了。

附帶一提：因為使用活字粒不方便的緣故，所以古書都沒有標點符號，否則要多少逗點和句號才夠一版文章？

第14講　二十四個笨蛋——論孝

有一件真人真事是這樣的：某知名學府打正儒家旗號到世界各地教外國人中文，大力宣揚孝順這件事，教授《弟子規》的課文。弟子規的課文充斥八股思想，古代腐儒的過時觀念，跟現代歐美生活文化大相逕庭，於是惹來投訴，甚至指控學員明明只想學習如何應用中文，學校卻偷偷進行文化侵略！

投訴雖多，但儒家學府豈可不宣揚孝，換湯不換藥，把《弟子規》改為輕鬆教漫畫故事《二十四孝》。某日老師堂上發問外國成人學生：「上一課談到二十四孝故事，是不是很感動？」學生以半鹹淡的普通話回答：「什麼二十四孝？啊，你說那二十四個笨蛋？」

我聽到這則笑話，大笑之後半信半疑，回去細心一讀，這二十四個故事大多數確實很笨：

親嘗湯藥：漢文帝劉恒，侍奉母親從不懈怠。母親臥病三年，

他常常目不交睫，衣不解帶；母親所服的湯藥，他親口嘗過後才放心讓母親服用。

這符合弟子規說：「親有疾，藥先嘗。晝夜侍，不離床。」然則什麼藥好人吃三年不會病？病人吃三年不會好？今天社會癌症標靶藥使用、類固醇使用、洗腎治療使用數字日增，大家要不要先試一試再讓有需要的長輩親人來試比較顯孝？

嘗糞憂心：庚黔妻，因父親生病擔心其病情，醫生說如果病人的糞便是苦的，那就是好事。庚真的嚐起父親的糞便，卻發現是甜的……

五千年的中醫沒有嘗糞斷病這招，歷史上曾有一人嘗糞斷病，那是戰國時代的越王勾踐，戰敗被吳王夫差俘虜為奴，勾踐攻於心計，於夫差生病時故意為他嘗糞斷病，這令夫差很感動，誤以為勾踐真的忠心不二，後來就把勾踐放回越國了。外國人誤以為中醫確有嘗糞斷病這招，瞠目結舌。

乳姑不怠：崔山南的曾祖母和祖母的故事。婆婆年高無齒，不沾米飯，連續數年只吃媳婦的人奶，居然身體十分健康，並感謝媳婦的至孝。

　　一個女人連續數年擠出足夠餵飽成年人的人奶，另一個女人連續數年只吃人奶不吃其他居然身體沒有毛病。兩個女人的身體結構都很特別。有些事不是每個人的身體結構都能做得到的，如果某人能夠做到了，那對他來說也是自然不過的事，沒有什麼難得可言。

　　臥冰求鯉：王祥的母親冬天想吃鯉魚，其時天寒地凍，湖上結冰。王祥脫光衣服，想把冰湖融化，然後取魚。結果冰塊突然裂開，兩條肥美的鯉魚自動躍出水面獻身。

　　冰塊於零度或以下結冰，把皮膚赤裸裸貼上去，會不會整塊黏住了？冰未融化，人應先死了，這笨小孩是愛自虐還是想自殺？

　　侍蚊飽血：吳猛，家貧，從小侍親至孝。據說他八歲的時候，夏天有很多蚊子飛進來咬人吸血，他都坐在父親床邊，任蚊子飽食，以免蚊子會咬到父親。

　　這又是個自虐狂小孩，蚊子來了不會打任牠們吃飽，有這等好事難怪蚊子愈來愈多了。他八歲，他父親適值青壯年，家貧卻是個大少爺，自己甜睡，任由兒子自虐……

搧枕溫衾：黃香，九歲喪母。感念父親辛勞，夏天父親睡著時為父親搧風，冬天父親睡覺前他先鑽進去用身體溫暖被窩。

他父親適值壯年不幸又是個大少爺，老婆死了幸好生了個乖兒子，侍奉得他冬暖夏涼。

賣兒奉母：郭巨，家貧，侍母至孝。後來生了個孩子，怕孩子分薄了母親的食物，於是決定活埋兒子，挖掘地洞的時候，發現一箱黃金，是老天爺感其孝指定送給他的。

殺子不遂，還有好報，真好！

刻木侍親：丁蘭，幼年父母雙亡，用木雕刻成父母人像每天虔敬供奉。他妻子好奇用針刺木雕的手指，竟然出血，丁蘭回來更看見木雕流淚，洞悉妻子傷害「父母」，於是把她休了。

弟子規也說「侍死者，如侍生。」不過，這是美國恐怖片鬼娃娃花子的橋段嗎？好恐怖！

懷橘遺親：陸績，某次去拜訪別人家，偷了二個橘子被主人發現，責問之下，回答說因為母親喜歡吃橘子，所以想帶二個回去給她吃，主人立刻改怒為喜，讚賞他孝。

想拿不會直接問？偷東西有個好理由就無罪？

孝感動天：說堯傳位於舜，是因為舜孝的美德感動蒼天，出現奇蹟。

人皆知道孝與領導才能無大關係，禪讓的故事是讚頌古人讓賢不是讓孝，如果某人至孝卻是個蠢才，請他當族長在遠古時代只會招致滅族，如果堯讓位舜是因為舜孝，舜是不是笨蛋我們不知道，堯肯定是個笨蛋了。

戲彩娛親：老萊子七十歲，父母年近百歲，為使兩老開心，常穿五彩衣服，扮笨蛋裝幼稚，一次滑倒把水桶打翻，怕父母擔心，乾脆裝小孩大哭，以博父母一笑。

這就叫孝 ?! 正常人的父母，應該沒有這種特殊僻好，而且會很擔心兒子的智力是否衰退？患上失智症了？

鹿乳奉茶：因父母眼疾須吃鹿乳治療，郯子披鹿皮入深山混入鹿群中採乳險被獵人射殺。獵人後來感其孝心，以鹿乳相贈。

此說郯子因孝心冒性命危險，不過郯子採乳手段只是混水摸魚騙騙鹿，並沒有預想會碰到獵人要冒生命危險，這故事倒果為因。

百里負米：子路，孔子的得意弟子，家中貧窮，常到百里

之外負米回來侍奉雙親。

他只是運動能力很好而已。魯國位處中原土地肥沃，為什麼自己不種米？如果家中貧窮，沒田沒地，直接搬到百里之外，米市旁邊，每天就不需要百里負米了，省回更多時間陪伴雙親。

咬指痛心：曾參，另一個孔子得意弟子，以孝聞名。一天家中突然有人來訪，媽媽不知兒子跑哪裡了，就咬破指頭流血，遠在外面的曾參突然心口一痛，懷疑母親出什麼意外了，於是立刻回家探望，啊，原來是有朋自遠方來，不亦樂乎！

原來古代是利用咬手指發短訊的！

蘆衣順母：子騫，另一個孔子的弟子，親母早喪，繼母常常虐待他，用蘆花代替棉花做衣服給他，根本不能取暖。一天，子騫因冷得發抖而犯錯，被父親鞭打，鞭破衣服發現裡面是蘆花，才知道兒子長期被繼母虐待。父親一氣之下要把繼室休了，子騫勸阻，於是大團圓結局。

這篇正符合＜弟子規＞的孝順本義「父母責，須順承」、「親憎我，孝方賢」。

另外九個故事（棄官尋母，扼虎救父，賣身葬父，湧泉躍

鯉，聞雷泣墓，哭竹生筍，拾葚異器，滌親溺器等）相比之下尚算正路合理，無須吹毛求疵去挑剔，此處不贅。不過太正路，難免就不精采了，煞有介事跟老外講解，老外聽了很自然會問：So what?（所以怎樣？）

選擇幼兒讀物是高風險之事。幼兒不辨真假，只要吸引到他的注意力，他就很容易信以為真，甚至模仿。臥冰求鯉、代母試藥這種事，在大人眼中只是個比喻，在小孩子心中信以為真，照辦煮碗，隨時搞出人命。

《二十四孝》在古代是圖畫故事，作為倫理教育教材說給小孩子邊看邊聽的，就像外國的童話故事一樣，情節誇張是為了吸引小孩。不過好的故事合乎情理之中，出乎意料之外，更好的故事令人深受感動，甚至對人生觀念有所啟發。不好的故事穿鑿附會，適得其反。拿二十四孝去跟外國成年人分享，歐美人士重視邏輯，到底教師是笨蛋？還是把學生當笨蛋了？把《弟子規》《二十四孝》這些不合時宜的腐儒作品拿去教外國人，以此宣揚中華文化，實在是有辱國體。

古代老師教學，是把應用中文、文學歷史哲學政治、書法

藝術和德育教化等混合在一起同時進行的。而這套教學綱領，自西漢到明清，主要是跟隨儒術系統，直到明清，再到今天台灣，從選擇課文和德育教育的主題思想 皆以符合某些儒術框架為主。

儒術的德育教化，**「百行以孝為先。」**孔子論語學而篇第一的第二句：

有子曰：「其為人也孝弟，而好犯上者，鮮矣；不好犯上，而好作亂者，未之有也。君子務本，本立而道生。孝弟也者，其為仁之本與！」

此句其實不是孔子說的，是孔子的弟子有子(註一)說的，不知何人故意把它混進孔子的記言集《論語》當中，還刻意放進第一篇的第二句，以突出這個「孝」字。有子說：孝父母敬兄長的人不會犯上作亂，這是仁的基本。（即使此句是孔子本人說的，邏輯上也大有商榷餘地。犯上作亂是權力慾，孝是親情的表現，除了皇親國戚外，二者有何實際關聯呢？）不過古代君主應該很信奉這一句，只要宣揚孝就可以減少犯上作亂的機會，於是儒術教育大力推行孝的教化，至於這個「愚孝」和當初孔子儒家思想的「儒孝」有幾分相似，已經不重要。

《禮記》:「孝者,畜也。順於道,不逆於倫,是之謂畜。」

孝是順應天道,不是順從父母或君主。

子曰:「今之孝者,是謂能養。至於犬馬,皆能有養。不敬,何以別乎?」

曾子曰:「孝有三:大孝尊親,其次不辱,其下能養。」

尊親、不辱、能養,都不是順從。

漢·趙岐《十三經注疏》:「於禮有不孝者三事:謂阿意曲從,陷親不義,一不孝也;家窮親老,不為祿仕,二不孝也;不娶無子,絕先祖祀,三不孝也。」

阿意曲從父母,是陷親不義,反而是不孝了。

孝的意思,源於《禮記》,當時並沒有盲目順從父母的意思在。在春秋戰國時代,面對天災人禍戰亂,離鄉別井只為逃難和謀生,而儒家重視孝,是提醒你不要移了民就忘記了父母,供養侍奉父母是孝,不養育不侍奉父母就是不孝。孔子進一步

的論述，說養馬養狗，都是能養。供養父母還要心存尊敬，才是今天的孝道。後面曾子、趙岐的說法，算是補充說明了。順帶一提，孟子曾說：「**不孝有三，無後為大。**」孟子說這句話的時空背景也是戰國時代，那時候長年天災和戰禍，人類大量死亡，鼓勵生育，傳承血緣是合理的。今天全亞洲人口爆炸超過四十四億，人類開枝散葉已到地球資源快吃不消的地步，如仍抱持「不孝有三無後為大」這種思想，不是儒家或孟子思想有毛病，而是壞頭殼食古不化，跟不上時代而已。如須傳承血緣，以今天科技，留一管精子卵子在冷凍庫，可以保存千年。

即使《說文解字》和《康熙字典》，孝的解釋都是「善事父母」。現代字典對孝的解釋，也是「尊敬父母，並善待他們。」這跟舊約聖經天父十誡的英文翻譯：Honor to your father and mother. 是一致的。跟老外分享，無不認同。

子曰：「**孝子之事親也，居則致其敬，養則致其樂，病則致其憂，喪則致其哀，祭則致其嚴。五者備矣，然後能事親。**」

此話出自《孝經》。說孝子對待父母，一起生活時要尊敬，供養父母是發自內心感到快樂，父母生病會非常憂慮，父母過世

會十分哀傷，祭拜父母時絕對嚴肅。這五種態度全備，才叫「孝子事親」，方可稱得上善待父母。

孔子述而不作，孝經或有引用一些孔子說過的話，基本上卻是曾參寫的。

自來釋家道家儒家，都只是哲學思想，後來演變成佛教、道教、道術、儒術等，都只是後來的有心人故意借用原來的哲學思想轉移到宗教、政治、教育和生活應用上的旁支。腐儒曲解，把孝定義成「對父母盡心奉養並服從」。甚至演繹成歇斯底里的盲目順從，不合時宜，貽笑大方。

如果希望兒女順從聽話，自己當努力成為一個明白事理追得上時代、品行值得兒女尊敬佩服的人。

因為孝不是順，更不是蠢也。至於那些不合時宜的論調，就更不要亂教了。

弟子規

第一章：入則孝

父母呼	應勿緩	父母命	行勿懶
父母教	須敬聽	父母責	須順承
冬則溫	夏則清	晨則省	昏則定
出必告	反必面	居有常	業無變
事雖小	勿擅為	苟擅為	子道虧
物雖小	勿私藏	苟私藏	親心傷
親所好	力為具	親所惡	謹為去
身有傷	貽親憂	德有傷	貽親羞
親愛我	孝何難	親憎我	孝方賢
親有過	諫使更	怡吾色	柔吾聲
諫不入	悅復諫	號泣隨	撻無怨
親有疾	藥先嘗	晝夜待	不離床
喪三年	常悲咽	居處變	酒肉絕
喪盡禮	祭敬誠	事死者	如事生

　　《弟子規》的思維，是木乃伊時期的腐儒思想，追不上時代，不合時宜之餘，根本是荼毒現代孩子的腦袋，應列為18禁才對。

【註一】

　　有若，有氏，名若，字子有（一說字子若），世稱「有子」，孔子弟子，孔門七十二賢之一，被尊為儒學聖賢。據《史記》〈仲尼弟子列傳〉記載，孔子去世後，弟子們思慕孔子，曾因有若狀似孔子，而群起推舉其為師，並以師禮事之。但是不久，弟子們先後提出兩個問題，有若皆不能回答，弟子們就不再供奉有若為師。

第 15 講　說故事

　　前文說到中國古代的笨故事，現在來看看一些精采聰明的好故事。

　　近年很多人花數萬元去報讀課程，只為學習如何說一個精采的故事。透過說故事去進行說服，以達到成功銷售或成功領導的效果。

　　一篇精采的論說文，該有廣泛的論述，一針見血的分析和例證，才能引申出充滿說服力的結論。不過人的內心其實是偏向感性者居多，能夠說出一個動人的相關故事，你的目的已成功達成了七分。

　　韓非從易經的二元觀念，老莊的體用精神，荀子的性惡論及約之禮法，悟出一套治國用人之道，引申為管理社會的政治手段，簡稱為法、術、勢。其中主要的思想基礎是明察人性，善用利害得失之關係，行賞罰制度。

　　韓非有口吃的毛病，上殿面聖，支支吾吾言不及意，不得君主喜好，卻擅長書寫，我敢說他是中國有史以來最懂得透過寫故事講道理的第一高手。《韓非子》收集了韓非的文章共十多萬字，是中國古代最早期也最完整的政治學著作，思考周密結構嚴謹而格局宏大，行文氣勢磅礴酣暢淋漓，論述條理分明，舉證事例卻幽默風趣，生動寫實，當中呈現的人性弱點刻劃之深刻，《伊索寓言》瞠乎其後。

濫竽充數

　　齊宣王喜歡聽吹竽，竽是古代一種吹奏樂器。他喜歡聽三百人一起吹竽，其中有一位南郭先生其實不懂吹竽，蒙混在裡面裝模作樣，每天騙吃騙喝，生活安穩。宣王死後，湣王即位。他也喜歡聽吹竽，但喜歡聽一個一個單獨吹奏。南郭先生害怕起來，就連夜逃走了。

棘刺木猴

　　有個人知道燕王欣賞微小精巧的手工，就跑去跟他說：「我可以在玫瑰花的刺的尖端上雕刻出一只母猴子。」燕王一聽十分喜歡，就給了他賞賜，把他養起來了。

某天燕王召喚那人，想看看母猴雕成什麼模樣。那人卻說：「要看到母猴，燕王你必須半年內不進後宮，不飲酒食肉，然後在雨停日出，陽光照不到的地方，就可以看得見了。」燕王一聽，以他的生活習慣怎可能如此刻苦忍耐半年，於是就不了了之了。

後來一個聰明人教燕王：雕刻的刀鋒一定比雕刻物小，否則如何能把作品雕刻出來呢？你請那個人把工具展示給你看看，就知道他有沒有吹牛了？燕王依計行事，一問，那人就馬上逃跑了。

以上兩篇要說明的是一個人如有癖好，別人就會投其所好，針對你的弱點蒙騙過關輕鬆獲得好處。但如果你能夠明察細微的話，還是可以發現破綻的。

信賞必罰

越王想要討伐吳國，問大夫文種：「我想討伐吳國，你認為可以成功嗎？」文種答：「可以。只要賞賜豐厚而守信，懲罰嚴厲而必行。如果你想知道，可以放把火把宮室燒起來。」

於是，越王就把宮室燒起來了。卻沒有人去救火。

這時候，越王下令：凡救火死去的，比照為國出戰殉難的

忠臣獎賞。凡救火而不死的，比照為國出戰打勝仗的獎賞。不救火的，比照投降敵人的叛徒處罰！

百姓聽令後，在身上塗抹防火藥物，披起濡濕的衣服奔走火場，勇敢救火，左三千人，右三千人，人人奮勇爭先。越王看見如此聲威氣勢，知道只要信賞必罰，討伐吳國絕對勝券在握了。

使民習弓

李悝任魏文侯上地的地方官時，希望人民能夠精練弓箭射術。於是下令：「以後凡有訴訟疑慮，審判無法解決者，用射箭來解決。射中的判勝，射不中的判負。」頒令後人民為了保障自己的權益，人人勤練射箭，日夜不休。後來與秦國交戰，因為人人善射，大敗秦國。

這兩篇說明如何透過法令（法），針對人性偏重個人利害關係開出賞罰條件（術），而提昇了國家的競爭優勢（勢）。

烤肉上的頭髮

晉文公吃飯的時候，發現他最喜歡吃的那塊烤豬排上繞了一條長頭髮，十分忿怒，把廚子召來責備：「真是可惡！你想噎

死我嗎？竟然在烤肉上繞了這麼長一條頭髮！」

廚子連忙叩頭再三賠罪：「臣實在有三條死罪：第一我的廚刀這麼鋒利，把肉都切開了卻沒有切斷頭髮，真是死罪一。第二我把豬排串在竹籤上的時候，居然也沒有見到頭髮，真是死罪二。第三，我把串燒肉放到火裡烤，連肉都烤熟了，頭髮卻沒有燒焦，整條好好的，真是死罪三。但其實，是不是有人想陷害我呢？」

晉文公一想有道理。把捧菜的抓來盤問，果然認了。於是晉文公就原諒了烤肉的廚子，殺掉捧菜的堂官。

浴盤中的砂石

有一天，僖侯洗澡，發現澡盤下有小石頭，踏得腳板好痛。於是他問左右：「如果負責洗澡水的浴官被罷免，馬上有人可以替代嗎？」左右說：「有。」僖侯於是把那個人叫來，直接審問他：「為什麼在我的澡盤內偷放石頭？」那人說：「因為假如浴官被罷免，他的職位我就可以取而代之了。」

以上兩篇，是說明從利害關係中可以推理出真相。如果有一天你莫名其妙地被陷害冤枉，要問是否有人妒恨你？或假如

你因此丟掉了一些利益或權勢，從中得益的是誰？那個人，很可能就是謀害你的人了。

現代社會的法律審判，除了考慮現場證據外，同時會考慮犯罪動機。韓非在二千多年前的戰國時代，就開始透過犯罪動機追查潛伏的真正罪犯，不愧是中國法家的鼻祖。

可惜韓非雖然明白這個道理，最後還是被他的同學李斯所害。李斯從跟隨秦王政至秦始皇一統天下，再到秦二世，歷任三十多年的宰相，其實也是個非常優秀的人才。他的一篇＜諫逐客書＞，說服君主不應捨棄外國人才，千古傳頌，諷刺是他說韓非的壞話，陷害韓非，理由正是針對韓非是韓國的公子，不會效忠秦國。兩相矛盾，而秦王政竟然接納了，可見秦王政也不是一個明察細微的君主。

李斯與韓非同拜於荀卿門下，李斯自問不如韓非，因為妒忌韓非的才華怕他被秦王重用，最後不但誣陷他入獄，還在獄中把他毒殺了。及至秦始皇死後，李斯貪戀權位，與宦官趙高勾結，讓胡亥稱帝，最後害得自己被誅滅三族，腰斬處死。民間流傳李斯死前後悔說，「吾昔與韓非同遊荀卿門下，而殺韓非，

今若此，豈非天乎！」這句話頗有因果報應的味道，因果的概念是唐玄奘和達摩從西域陸續傳回來的，這句說話似後人杜撰居多。

韓非子的文章風格自成一家，常以精采的故事作為引子，吸引大家的注意力（這一點像莊子），然後從故事中萃取最重要的理據，去佐證他的結論。這是典型的中國式文章寫法，先透過自然觀察或歷史事件的細緻描寫打動人心，取得你的注意和認同，然後抽取當中的理據或領悟，引申成整篇文章的結論，這叫做由景入情，由情入理。最後合情合理，你自然就點頭共鳴了。

外國人會把古代先賢的智慧利用當代語言一再更新翻譯，甚至譯成更淺白的兒童故事讓小孩子從小學習，吸收古人智慧。中國語文選本從古至今卻是重儒輕百家，韓非子的精采文章，在中小學九年免費教育中難得一見，當然更沒有人為一個被排斥的市場去翻譯這些精采故事變成適合青少年教育的讀物。記得我從七歲開始被選為班代表參加講故事比賽，如果那時候就多讀多聽幾個韓非子或戰國策故事，說出來的故事應該就有趣得多了。

第16講 以物擬人

　　影響中國人思維最深的其實是老子。老子追求天人合一的境界，認為人是自然中的一份子，回歸自然與天地融合，才是道。透過參悟大自然之物，也就懂得為人處世之道。

　　天下莫柔弱於水，而攻堅強者莫之能勝。

　　上善若水，水善利萬物而不爭，處為人之所惡，故幾於道。……夫惟不爭，天下莫能與之爭。　　　　　　　《道德經》

　　老子透過觀察水的特性，而悟出做人的道理。老子這種思考方法，影響了後代的文人，都從自然中先取事物來觀察，然後抽取該事物的特質，衍生道理，以之抒情、說理或自況。

　　本以高難飽，徒勞恨費聲。五更疏欲斷，一樹碧無情。
　　薄宦梗猶泛，故園蕪已平。煩君最相警，我亦舉家清。
　　　　　　　　　　　　　　　　　　　唐・李商隱〈蟬〉

　　千錘萬鑿出深山，烈火焚燒若等閒。

粉身碎骨全不怕，要留清白在人間。

明 · 于謙＜石灰吟＞

咬定青山不放鬆，立根原在破岩中。

千磨萬擊還堅勁，任爾東西南北風。

清 · 鄭板橋＜竹石＞

　　以上三位名人，表面寫的是蟬、石灰和竹石，實際上卻以之比擬自己，述說自己的志向。蟬、石灰、竹石都只是體，透過形容它的形質，化為精神，投射到作者自己的身上，而產生述志的作用。這就是所謂體用精神。

　　唐 · 崔顥說：「凡天地萬物，皆有形質，就形質之中，有體有用。體者，即形質也；用者，即形質上之妙用也。」

　　中國人寫文章，所謂話中有話，就是說這句話有它本質上的意思，也有作者想利用它來表達的意思。前者是體，後者是用。

怕愁貪睡獨開遲，自恐冰容不入時。

故作小紅桃杏色，尚餘孤瘦雪霜姿。

寒心未肯隨春態，酒暈無端上玉肌。

詩老不知梅格在，更看綠葉與青枝。

宋 · 蘇東坡＜紅梅＞

芭蕉葉葉為多情，一葉才舒一葉生。
自是相思抽不盡，卻教風雨怨秋聲。

清 · 鄭板橋＜詠芭蕉＞

文體是詠物詩，卻是用來借物寄情。這招叫借題發揮。

梁上有雙燕，翩翩雄與雌。銜泥兩椽間，一巢生四兒。四兒日夜長，索食聲孜孜。

青蟲不易捕，黃口無飽期。嘴爪雖欲敝，心力不知疲。須臾十來往，猶恐巢中飢。

辛勤三十日，母瘦雛漸肥。喃喃教言語，一一刷毛衣。一旦羽翼成，引上庭樹枝。

舉翅不回顧，隨風四散飛。雌雄空中鳴，聲盡呼不歸。卻入空巢裡，啁啾終夜悲。

燕燕爾勿悲，爾當反自思：思爾為雛日，高飛背母時。當時父母念、今日爾應知。

唐 · 白居易＜燕詩＞

直接用燕子比喻不孝的子女，將來為人父母，其子女也會同樣地對他們不孝。以此警惕世人。

一隻大蚌正打開蚌殼曬太陽，一隻鷸鳥飛來啄牠的肉，河蚌立刻把雙殼合攏，還把鷸鳥的長嘴夾住了。鷸說：「今天不下雨，明天不下雨，你就缺水死了！」蚌也對鷸說：「今天不放你，明天不放你，你就餓死了！」牠們誰也不肯讓誰，一個漁夫經過，輕鬆把牠們一起都抓走了。《戰國策》＜燕策二＞

這是戰國策著名的故事。當時趙國要攻打燕國，一個聰明人以此勸說趙王：假如兩國相爭，相持不下，可能讓旁邊虎視眈眈的秦國有機可乘，坐收漁翁之利。趙王被說服，就決定不攻打燕國了。

窗外有棗林，雛雀習飛其下。一日，貓蔽身林間，突出噬雀母。其雛四五，噪而逐貓，每進益怒。貓奮攫之，不勝，反奔入室。雀母死，其雛繞室啁啾，飛入室者三。越數日，猶望室而噪也。哀哉！貓一搏而奪四五雛之母，人雖不及救之，未有不惻焉動於中者。而貓且眈眈然，惟恐不盡其類焉。烏呼，何其性之忍耶！物與物相殘，人且惡之；乃有憑權位，張爪牙，

殘民以自肥者，何也？

清 ‧ 薛福成＜貓捕雀＞

前段說的是貓捕殺了雀母，非常殘忍。後筆鋒一轉，指責那些憑權位張爪牙的官僚欺負百姓，就像那隻貓一樣令人憎惡。寫寓言講故事是重點，故事說得精采，令你印象深刻，最後一句點破，由敘故事變成說道理，這招叫圖窮匕現。

我們小時候上學，第一個課餘活動就是改花名：頭髮長的叫**長毛**，沒頭髮的叫**和尚**，卷髮的叫**卷毛**。身材高大肥胖的叫**猩猩**，身材細小的叫**小人**。說話賊賊的叫**賊佬**，說話粗俗的叫**乞兒**。長得胖的女孩子我們私底下都叫她**肥妹**或**肥肥**。

以物擬人之外，有時候我們直接取某物的特徵，變成一個人或一件事的代號，這手法叫做借代。

八仙中有個乞兒就叫**鐵拐李**，他姓李，跛腳撐一支拐杖。香港前特首曾蔭權愛穿西裝打煲呔（領結），大家都叫他**煲呔曾**。漫畫《One Piece 海賊王》，主角叫做**草帽**，機器貓多啦A夢，頸上掛了一個小鈴鐺，於是我們叫他**小叮噹**。

古代的中文傳奇小說或武俠小說，江湖中人都有外號。甚至真有其人，像**詠春葉問，佛山無影腳黃飛鴻，大刀王五**。現代的運動明星，我們也喜歡給他們外號：**天鈎渣巴，小鳥布特，魔術莊遜，飛人佐敦，巨無霸奧尼爾**。外號是那個人的特徵或專長，可以直接借代為那個人。於是產生了很戲劇化的體育新聞標題：**小鳥折翼，魔術被破，巨無霸擊落飛人。**

紀曉嵐有次在皇宮中睡午覺，乾隆皇帝突然來訪，他嚇得躲到桌子下。乾隆悄悄走近，紀不知情，在桌底下問：「老頭子走了沒？」乾隆大喝：「大膽！什麼老頭子？」紀只好運用急智解圍：「這老頭子三個字是有典故的。萬歲爺萬壽無疆當然是老，一國之君統領萬民自然是所有老百姓的頭目，天之驕子是子。所以皇帝當然就叫老頭子了，此中絕對沒有不敬！」逗得乾隆哈哈大笑，就放他一馬了。

中國是父權社會，父親在家跟皇帝差不多，所以兒子在外頭用老頭子借代父親。俗語都是愈說愈簡化的，最後乾脆只說一半，香港人不知從什麼時候開始，就叫父親作「老豆」。

以物擬人和借代的手法，是最容易學會的中文修辭技巧之一。與其禁止小孩子互相改花名，不如請每個同學站出來，讓大

家為他取一個花名。花名不可以有侮辱性，要彰顯他最有突色、最厲害的一部分，這不但訓練小孩的修辭課，還完成了一課學習彼此尊重和讚賞的德育課。

第17講 換一個角度

每一件事情其實都可以從不同的角度看，而看出不同的結論。

如老子所說，這世界有正面，就必有反面。

結果樂觀的人都看見正面，悲觀的人只看見負面。

有個胖子又肥又遲鈍，做什麼事情都搞砸了，唔，大概就像電影＜少林足球＞裡的六師弟。每個人都罵他沒有出息，成事不足敗事有餘，不過他自己吃好睡好，閒閒沒事，心中無怨，自得其樂，反而是所有倒楣的師兄弟中最快樂的一個。

惠施說：「我有二個大葫蘆，用來裝水則太重拿不動，切開當瓢卻太淺，載不了什麼東西，於是我把它們丟了。」莊子說：「你真笨。為什麼不把兩個大葫蘆縛在身上，這樣你就可以無拘無束浮在海面上曬太陽了。」

惠施和莊子走過水邊。莊子說：「這魚在水裡游得從容自在，好快樂啊！」惠施問：「你又不是魚，怎麼知道魚很快樂呢？」

莊子笑：「你又不是我，怎麼知道我不知道魚快樂呢？」

　　莊子是中國讀書人的逃生門。讀書人被儒家思想壓得透不過氣，就逃亡到莊子的世界暫時擺脫籠牢。儒家是讀書人的戒律和理想，一身前途之所繫，家庭生活之所依，而莊子卻是文學的靈魂。莊子奇異的想像力，曠達的人生觀，豐富的連結力，誇張的手法，說故事的技巧，最重要還是轉念自如，灑脫不羈。李白和蘇東坡，可說是莊子的兩大最忠實的粉絲，把莊子的思想和技巧，躍然運用於紙上。

　　孔子思想「巧智不如拙誠」，用語平實，平實，就難免枯燥。莊子說話卻總是在轉，教你換一個角度思考，充滿睿智，耐人尋味。莊周夢蝶。是莊子夢到蝴蝶？還是蝴蝶夢見莊子？無用之用。到底是有用的有用？還是無用的更有用？

　　莊子與中國文學發展的關係，莊子對歷代中國文人及其作品的影響，莊子思想對中國文化的影響，這幾條大題目，每題十萬字寫不完。此處不贅。

　　煙籠寒水月籠沙，夜泊秦淮近酒家。

　　商女不知亡國恨，隔江猶唱後庭花。

唐　‧　杜牧〈泊秦淮〉

歌女唱得開開心心，而杜牧卻轉念想到亡國之恨，同一場景，兩種角度的矛盾衝擊，表現出辛辣的諷刺和深沉的悲痛。

雲母屏風燭影深，長河漸落曉星沉。
嫦娥應悔偷靈藥，碧海青天夜夜心。

唐．李商隱＜嫦娥＞

從自己長夜漫漫中無聊渡過，轉念遙想嫦娥吃了長生不老藥，在天際間年年夜夜孤單寂寞的心情，應該比我現在更難過。整首詩頓變得哀艷淒美。

你在橋上看風景
看風景的人在樓上看你
明月裝飾了你的窗子
你裝飾了別人的夢

卞之琳（1910 年— 2000 年）《斷章》

轉一轉角度，令文章更生動活潑，且發掘出新的角度，創造不同的價值，讓內容更豐富。轉，是中文的一大特色，傳統認為直接陳述過份淺露，甚至有點粗魯，所以歷代的文人都提

倡寫作要含蓄，要婉轉，要曲折，要有餘韻，而要達成這些效果，一再轉換是當中重要的技巧。

園中有棵樹，樹上附了一隻蟬。蟬只顧著奮翼悲鳴，而不知道有隻螳螂在它身後準備捕殺它。螳螂準備捕吃蟬，而不知有隻黃雀在身後準備要啄吃它。黃雀準備吃螳螂了，卻不知身後有個小孩已經把彈丸瞄準它了。而小孩只顧著用彈珠偷襲黃雀，卻不知道腳前有深坑，後有掘株，隨時都會跌倒。他們都是貪圖前面的利益，而忽略了後面的危機。

譯自劉向《說苑》＜正諫＞

這個故事短短幾行字，從樹上的蟬轉到螳螂，從螳螂轉到黃雀，從黃雀轉到小孩，最後轉出一個結論：大家往往都是只顧眼前利益，而忽略了身後的危機。這種轉換角度的技巧，自二千多年前的春秋戰國時代就開始普遍使用。

市場效應，有價值的事情才會人人搶著做，而因為競爭激烈，高水準的作品也層出不窮。春秋戰國時代，百家爭鳴，只因各國君主競爭激烈，公開徵求可以富國強兵的計策，於是讀書人紛紛學習治國之道、計策和遊說技巧。這個時代，議論文和故事特別

生動。到唐宋年間，皇帝和老百姓都喜歡載歌載舞，寫好一首詩詞就有機會天下聞名，甚至不須經過考試可以直接面見討好皇帝並獲得榮華富貴，於是讀書人都練習寫詩填詞，那個時代的詩詞也就佳作如林。

到明清時期，坊間流行傳奇志怪、短篇長篇小說（說書）和戲劇，加上佛法東傳，民間充斥因果和輪迴的信念，於是這些類型的作品又遠多於詩詞和議論文及寓言故事：《石頭記》（紅樓夢）、《水滸傳》、《三國演義》、《西遊記》、《聊齋誌異》、《三言二拍》等，都是明清時期的小說傑作，也陸續被改篇成戲劇。

用年代平均分布的方式去選取同一文體的作品為教材，是不智的。

第18講 誇張手法

誇張的說話雖然明知是假，但因為超乎現實與想像，有一種奇特的魅力，讓你印象難忘。

所以雖然你看過超過一百套劉德華的電影，你不容易記得起他情深款款但正正常常的愛情對白，反而你會記得周星馳演的孫悟空跟紫霞仙子示愛：「如果非要為這份愛加上一個時限，我會希望是，一萬年！」

歷史上最會誇張失實的是莊子。他說的故事你讀過一次或聽過一次，都很難忘記。

> 北冥有魚，其名為鯤。鯤之大，不知其幾千里也。化而為鳥，其名為鵬。鵬之背，不知其幾千里也；怒而飛，其翼若垂天之雲。
>
> 《莊子》〈逍遙遊〉

作大，是最簡單也最有效的誇張手法之一。後來學莊子學得最像的是大唐詩仙李白，他最喜歡在數字上和時間上作大誇張：

1. 君不見黃河之水天上來，奔流到海不復回。君不見高堂明鏡悲白髮，朝如青絲暮成雪。

2. 白髮三千丈，緣愁似箇長。

3. 朝辭白帝彩雲間，千里江陵一日還。

4. 一風三日吹倒山，白浪高於瓦高閣。

5. 桃花潭水深千尺，不及汪倫送我情。

莊子很掛念死去的惠施，就說了這個故事：

郢人鼻子上沾了一層灰，薄如蠅翼。郢人請朋友匠石幫忙，只見匠石運斧如急風，一下就把郢人鼻尖上的油灰削走，而鼻子分毫無損。

《莊子》〈徐無鬼篇〉

此篇誇張了匠石的斧頭功夫，但更誇張是郢人對匠石的勇氣和信任，利斧刷過鼻尖，竟然臉不改色，紋風不動。

故事的後續：後來宋元君聽聞此事，叫匠石來再表演一次。匠石說「我的功夫雖在，但我的對手早死了。」自從惠施死後，我莊周也沒有對手了，再無說話的對象了。

透過一個誇張的做事，來表達自己對某人思念之深，是常用的文學技巧及特色。

後來《呂氏春秋》有一段類似的故事：

伯牙鼓琴，鍾子期聽之。方鼓琴而志在太山，鍾子期曰：「善哉乎鼓琴！巍巍乎若太山！」少選之間，而志在流水，鍾子期又曰：「善哉乎鼓琴，湯湯乎若流水。」鍾子期死，伯牙破琴絕弦，終身不復鼓琴，以為世無足復為鼓琴者。

《呂氏春秋》＜本味＞

鍾子期死，伯牙再無知音，功夫雖在，卻不再彈琴了。

三國演義有一幕非常誇張的關雲長刮骨療毒，說關雲長手臂受了箭傷，找來華陀幫他醫治，他非但不用麻醉藥，還一邊下棋一邊喝酒：

公飲數盃酒畢，一面仍與馬良弈棋，伸臂令佗割之。佗取尖刀在手，令一小校，捧一大盆於臂下接血。佗曰：「某便下手，君侯勿驚。」公曰：「任汝醫治。吾豈比世間俗子，懼痛者耶？」

佗乃下刀割開皮肉，直至於骨，骨上已青；佗用刀刮骨，悉悉有聲。帳上帳下見者皆掩面失色。公飲酒食肉，談笑弈棋，全無痛苦之色。

須史，血流盈盈。佗刮盡其毒，敷上藥，以線縫之。公大笑而起，謂眾將曰：「此臂伸舒如故，並無痛矣。先生真神醫也！」佗曰：「某為醫一生，未嘗見此。君侯真天神也！」

《三國演義》

關雲長的神勇和對華陀的信任，是不是很像郢人的風格？

後來曹操就像宋元君一樣，聽聞華陀的厲害，想請華陀來治他的頭痛病。華陀說要幫他開腦做手術，他不相信，認為華陀是想謀害他，結果把華陀殺了。

這二段關雲長、華陀、曹操三人的故事，是莊子郢人、匠石、宋元君故事的變奏。

莊子的想像力豐富，思維獨到，發人深思，對於往後二千多年的中文文學創作，有深遠的影響。想學習中國文學，不能不讀莊子。

導讀：

　　少年人想多讀一些莊子，第一本我推薦台灣漫畫家蔡志忠的成名作：《漫畫莊子》，然後可以再讀台大中文系教授蔡璧名的莊子系列。

第 19 講　絕處逢生

　　學生寫了篇作文，開首是：「凌晨三時半，我無法入睡。」然後敘述她失眠的原因。

　　「不是不好。但可不可以有多一些細致的描述？」我說。

　　「例如呢？」學生非常懂得猶太式的反問法。

　　我笑笑。「例如可以這樣寫：所有人都睡了。所有燈都關了。在一片寧靜和漆黑之中，我還是輾轉反側，無法安眠。」

　　學生側起頭：「這肯定比較好嗎？」

　　我說：「不一定。但這樣人與環境的對比強烈，文中主角會顯得比較突出。」

　　這是一種絕處逢生的襯托手法，目的是把後面的焦點加倍凸顯。就好像在電視廣告上看見整個畫面是一個美女被調整成黑白色，只有一張性感的嘴唇艷麗鮮紅。原來，這是一個唇彩（口紅）廣告。

　　千山鳥飛絕，萬徑人蹤滅。
　　孤舟蓑笠翁，獨釣寒江雪。

唐 · 柳宗元＜江雪＞

這一篇把整個環境寫到絕盡：四周圍的山上沒有鳥，也沒有人來往的蹤跡。在這孤寂無聲且白雪紛飛的大江中，只看見一條小舟上一個穿戴蓑笠的老翁在垂釣⋯⋯也沒有看見魚啊！

因為周圍環境都被寫「死」了，整個畫面中，那位孤舟蓑笠翁反而活起來了，顯得特別突出和生動。整首詩絕處逢生的一點，就是這個天地間唯一的生命。

古人在朝廷中勾心鬥角，在戰亂中顛沛流離，在田野或鬧市中營營役役，每會覺得在廣闊天地間的一個人，反而有一種悠然自得、空靈瀟灑的美感。古人認為孤獨是一種美。利用這種誇張的對比手法去襯托焦點，以展現一種孤清卻生動的美感。這首詩是有畫面的，而畫面的意境，和許多中國水墨畫的相近。

眾鳥高飛盡，孤雲獨去閒。
相看兩不厭，只有敬亭山。

李白＜獨坐敬亭山＞

若說＜江雪＞是一幅大江大山的遠景，＜獨坐敬亭山＞就是一幅稍微聚焦的特寫，把畫面鎖定在一座山頭上。這山裡沒

有鳥，非常安靜，一片孤雲在天上慢慢地遊走，感覺十分悠閒。而最悠閒的其實是坐在山裡的我和這座敬亭山，他看著我，我看著他，兩看不厭！這詩雖寫得概括，山上無人無鳥，似乎人也是無牽無掛，相映成趣。

既然要表達一種一個人也可以很悠然的愉悅感覺，就不能太過冷清。所以李白把這座山擬人化了，世界上彷彿只剩他和這座山，但兩雙相處，卻是十分悠然寫意。

有了敬亭山這個擬人化的伴侶，雖然一個人卻沒有孤清的感覺。這是李白巧妙的襯托手法，以物象擬人，似有伴而實無伴，似不孤獨而其實孤獨。李白另外有一篇＜月下獨酌＞「花間一壺酒，獨酌無相親，舉杯邀明月，對影成三人。」手法相同，玩得更妙。

這二篇盛唐的名詩，設身處地一個孤獨的環境，寫法多少是仿傚初唐名詩人**陳子昂＜登幽州臺歌＞**：

前不見古人，後不見來者。念天地之悠悠，獨愴然而涕下。

這是一個作者登上高臺後的主觀鏡頭，眼見天地何等廣闊，而悠悠天地之間只他一人，感到既孤獨又悲憤！而自己又顯得如

此渺小而無助。

處在同樣的絕景，同樣放一個人在絕景之間，表達的卻是三種截然不同的微妙意境。這種專為呈現意境的文學及美學手法，是古典中國語文的特色之一。

絕處逢生是一種誇張的反襯托手法，帶一點反邏輯的詭詐和佻皮，就像魔術師揮動他兩只白手套下十根靈活的手指頭，先告訴你這兩手空空如也，然後兩手交叉一揮，就變出一束鮮花，一隻白鴿。

唐朝詩人王維：

行到水窮處，坐看雲起時。

宋朝詩人陸游的名句：

山重水復疑無路，柳暗花明又一村。

絕處逢生，就是如此。

明朝張岱的名篇＜西湖七月半＞一開頭就把題目先寫死了：

西湖七月半，一無可看，……

然後再把它救回來，變成另一個全新的角度：

止可看看七月半之人。看七月半之人，以五類看之。……

原來這並不是一篇記述賞花賞湖有多漂亮的風月文章，而是一篇觀察社會百態而帶點譏刺時人陋習的精采生動描寫文。

絕處逢生的襯托手法，今天常運用在人物描寫上：

「這個人沒有什麼本領，只有一張嘴會吹牛！」

電視評論涉嫌貪污而身陷囹圄的前台灣總統：「窮到只剩下錢！」

古龍的著名武俠小說《楚留香傳奇》裡的一個人物：「殺人不見血，劍下一點紅。」這位獨行殺手在整個故事裡武功不是最高的，佔戲也不算真多，但憑這個精采的外號，總是令讀者們印象深刻，難以忘懷。

第 20 講　重複的妙用

　　中外語文教導學生作文時都會要求盡量避免重複。常用文字二千，構成詞語、成語和文句千萬款，能夠不重複自然顯得詞匯豐富精采，句子靈活多變化。相反，重複字句每每顯得累贅囉嗦，造句呆板。

　　不過，凡事必有例外。有些高手就是故意要挑戰法則，創造奇效。

> 昔人已乘黃鶴去，此地空餘黃鶴樓。
> 黃鶴一去不復返，白雲千載空悠悠。
> 晴川歷歷漢陽樹，芳草萋萋鸚鵡洲。
> 日暮鄉關何處是，煙波江上使人愁。
>
> 　　　　　唐・崔顥＜黃鶴樓＞

　　在近體七言律詩的八句中，連續三句重複用了「黃鶴」，是完全離經叛道的破壞性創作，奇怪在重複讓黃鶴的意象加深了，一隻黃鶴彷彿就在眼前飛來飛去直到不知所終，居然沒有重複累

贅的感覺，讀起來反而一氣呵成，又纏綿生動。

　　相傳後來號稱天才橫逸的詩仙李白登黃鶴樓看見此詩，也只能擱筆輕歎：

眼前有景道不得，崔顥題詩在上頭。

後來李白仿作了另一首名作：

鳳凰台上鳳凰遊，鳳去台空江自流。
吳宮花草埋幽徑，晉代衣冠成古丘。
三山半落青天外，二水中分白鷺洲。
總為浮雲能蔽日，長安不見使人愁。＜登金陵鳳凰台＞

　　首二句重複用了三個「鳳」字，全詩跟＜黃鶴樓＞押同樣的韻，同以「使人愁」結尾。李白外號「謫仙人」，此詩的寫法確有仿作的味道。

　　後人雖有評論李白的＜登金陵鳳凰台＞比崔顥的＜黃鶴樓＞意境更高，技巧更妙，然而在重複的運用這環節上，我認為崔顥是重複得更絕更盡，玩得明顯更有效果了！何況在創作的領域上，第一個是原創，後續的難免都是跟風。

後來明朝的唐寅，就是我們最喜愛的周星馳演出過的江南四大才子唐伯虎，也寫過一首＜桃花庵歌＞：

桃花塢裏桃花庵，桃花庵裏桃花仙。
桃花仙人種桃樹，又摘桃花換酒錢。
酒醒只在花前坐，酒醉還來花下眠。
半醉半醒日復日，花落花開年復年。
但願老死花酒間，不願鞠躬車馬前。
車塵馬足貴者趣，酒盞花枝貧者緣。
若將富貴比貧賤，一在平地一在天。
若將貧賤比車馬，他得驅馳我得閒。
別人笑我忒瘋癲，我笑他人看不穿。
不見五陵豪傑墓，無花無酒鋤作田。

前九句四十五個字中有十一個「花」字，前四句二十八字中用了「桃花」或「桃樹」共六次。讀起來滿眼都是桃花，但酣暢淋漓。既不呆板，也不窒礙，反而有種漫不在乎的狂氣。

另一名篇是北宋歐陽修的＜醉翁亭記＞：

環滁皆山也。其西南諸峰峰,林壑尤美,望之蔚然而深秀者,琅琊也。山行六七里,漸聞水聲潺潺而瀉出於兩峰之間者,釀泉也。峰迴路轉,有亭翼然臨於泉上者,醉翁亭也。作亭者誰?山之僧智仙也。名之者誰?太守自謂也。太守與客來飲於此,飲少輒醉,而年又最高,故自號曰醉翁也。醉翁之意不在酒,在乎山水之間也。山水之樂,得之心而寓之酒也。

若夫日出而林霏開,雲歸而巖穴暝,晦明變化者,山間之朝暮也。野芳發而幽香,佳木秀而繁陰,風霜高潔,水落而石出者,山間之四時也。朝而往,暮而歸,四時之景不同,而樂亦無窮也。

至於負者歌於途,行者休於樹,前者呼,後者應,傴僂提攜,往來而不絕者,滁人遊也。臨溪而漁,溪深而魚肥。釀泉為酒,泉香而酒洌;山餚野蔌,雜然而前陳者,太守宴也。宴酣之樂,非絲非竹,射者中,弈者勝,觥籌交錯,起坐而喧譁者,眾賓歡也。蒼顏白髮,頹然乎其間者,太守醉也。

已而夕陽在山,人影散亂,太守歸而賓客從也。樹林陰翳,鳴聲上下,遊人去而禽鳥樂也。然而禽鳥知山林之樂,而不知人之樂;人知從太守遊而樂,而不知太守之樂其樂也。醉能同其樂,醒能述以文者,太守也。太守謂誰?廬陵歐陽修也。

第一段用了剝洋蔥法，從遠景層層遞進，最後聚焦到太守他本尊身上。

第二段描寫山間之朝暮及四時變化。寫景。

第三段從景物寫到人物，寫這些人物如何與太守賓主盡歡，交杯暢飲。

第四段寫遊人和賓客散去後，太守他自己仍然自得其樂。

此文用辭優美，結構完整，段落分明。而最奇怪是，全篇文章用了二十一次「也」字在句尾。這也字加下去後，每一句都變得輕鬆自在，優哉悠哉如歐陽太守親自向你娓娓道來的感覺。試試拿走全部也字再讀一次，比較兩篇在語感上的效果，就明白我在說什麼了。

重複不單在用字上，重複句式是更早期的寫作技巧，例如：

青青子衿，悠悠我心。縱我不往，子寧不嗣音？
青青子佩，悠悠我思。縱我不往，子寧不來？
挑兮達兮，在城闕兮。一日不見，如三月兮。

《詩經》〈鄭風‧子衿〉

青青是你的衣袖，悠悠是我的心情。縱使我不過去找你，

你就不能給我點音信？

　　青青是你的佩帶，悠悠是我的思念。縱使我不過去找你，你就不能自己過來？

　　重複的句式加強了輾轉思念的心情。這種排比句式遠在三千年前春秋時期甚或更早的民歌中就已經出現。不過它不會不斷重複相同的句式，最多二三次就必有變化，以免整篇格式呆滯。重複句式還有另一個好處，是容易記誦，琅琅上口，不容易忘記。

　　今天的中西流行曲，最普遍使用的旋律格式是 AABA，其中 A 段旋律都是相同的句式，然後進入高潮的 B 旋律副歌，再回到 A 旋律。

　　經典樂隊 Beatles 的名曲：Yesterday 就是標準 AABA 的模式。

Yesterday, all my troubles seemed so far away .

Now it looks as though they're here to stay.

Oh, I believe in yesterday.

Suddenly, I'm not half the man I used to be.

There's a shadow hanging over me.

Oh, yesterday came suddenly.

Why she had to go I don't know she wouldn't say.

I said something wrong, now I long for yesterday.

Yesterday, love was such an easy game to play.

Now I need a place to hide away.

Oh, I believe in yesterday.

　　重複句式是為了符合相同旋律的需要，流行曲的目的是希望琅琅上口快速普及，所以主旋律都會適當地重複。可是不斷重複又難免呆滯，於是往往安排一組副歌（或近年流行的 Rap 繞舌唸白）作為轉折，使整首歌更活潑靈巧。

　　近年有一首流行歌＜泡沫＞，歌聲配合著旋律，音階愈升愈高，飄飄盪盪，最後慢慢沉落，演繹出情緒的變化，而歌詞的重複，句式的重複，往來回復，彷彿眼前都是泡沫在飄，是不是很有效果？

　　＜泡沫＞ 鄧紫棋
　　陽光下的泡沫　是彩色的　就像被騙的我　是幸福的

追究什麼對錯　你的謊言　基於你還愛我

美麗的泡沫　雖然一剎花火　你所有承諾　雖然都太脆弱

但愛像泡沫　如果能夠看破　有什麼難過

早該知道泡沫　一觸就破　就像已傷的心　不勝折磨

也不是誰的錯　謊言再多　基於你還愛我

美麗的泡沫　雖然一剎花火　你所有承諾　雖然都太脆弱

愛本是泡沫　如果能夠看破　有什麼難過

再美的花朵　盛開過就凋落　再亮眼的星　一閃過就墜落

愛本是泡沫　如果能夠看破　有什麼難過

為什麼難過　有什麼難過　為什麼難過

全都是泡沫　只一剎的花火　你所有承諾　全部都太脆弱

而你的輪廓　怪我沒有看破　才如此難過

相愛的把握　要如何再搜索　相擁著寂寞　難道就不寂寞

愛本是泡沫　怪我沒有看破　才如此難過

在雨下的泡沫　一觸就破　當初熾熱的心　早已沉沒

說什麼你愛我　如果騙我　我寧願你沉默

　　其實在短短幾分鐘的演唱中，你重複聽到了多少次的泡沫、脆弱、難過？心理學家的實驗數據顯示，你重複聽多了，就容易

相信，甚至產生錯覺，眼前都是泡沫，而自己愈來愈脆弱……愈來愈難過……（廣告的播出，也是不斷重複，幫你洗腦。聽多看多了，明明不需要買的東西，莫名其妙錢就付出去了。）

明清時期有一首廣泛流傳的小曲，更是故意把重複玩盡玩死了，然後再起死回生：

東邊一株楊柳樹

南邊一株楊柳樹

西邊一株楊柳樹

北邊一株楊柳樹

千條柳絲

怎麼繫得郎心住？

如果沒有後二句的收結，前面四句笨得像小學三年級不合格的作文。而正因為有了最後的收結，這篇文章就活起來了，絕處逢生，而且讓前面的重複產生了更深刻的效果。

女兒聽到這裡，若有所悟，露出一個詭異的笑容，然後躲到房間去。

約三分鐘不到，我收到她的電話短訊：

我想去韓國玩

我想去韓國玩

我想去韓國玩

因為很重要

所以重複說三次！

第21講 左右手，搬龍門

教導頑皮的孩子有一個很有效的方法。例如他都不愛洗澡，又不愛收拾房間。你就罰他什麼都不能做，只剩左右手二個選擇：要麼去洗澡，要麼收拾房間。孩子與其無所事事，不如兩「害」取其輕，挑其中一樣完成，然後就可以繼續去鬧他自己的玩意。久而久之，可以先養成其中一種好習慣。

從事廣告業，會發現大部分客戶只想要創新有效的想法，但其實他心中沒有定見。這時候，提案時就給他二份稿件，左右手讓他二擇其一。

去餐廳吃套餐，餐廳避免麻煩，一律贈送咖啡或茶，沒有第三樣了。

老婆和老媽吵架，一起跑到你跟前，問假如二人掉到海裡面，你會先救起哪一個？

電影或電視劇中最常見的橋段，是女主角有二個同樣優秀

的男主角追求，她如何二者擇其一呢？又或有二個同樣出色的女孩子喜歡上男主角，男主角最後會選誰呢？

當有人向你伸出左右手，給你二種選擇時，你很容易就誤以為你沒有第三種選擇，而只能二者擇其一。

魚，我所欲也；熊掌，亦我所欲也。二者不可得兼，捨魚而取熊掌者也。

生，亦我所欲也；義，亦我所欲也。二者不可得兼，捨生而取義者也。

節錄自戰國 · 孟子＜魚與熊掌＞

此篇以魚與熊掌的選擇作興起，魚和熊掌是戰國時代的美味，以此引起君主的聆聽興趣，十分投其所好。然後以魚與熊掌二者不可得兼，只好選熊掌這個論述，類比生和義之間必須選擇義。利用詩經中比興的手法和並列句式在論說文中，鏗鏘有力，氣勢逼人，彷彿理所當然的樣子，孟子是第一人！

天下事有難易乎？為之，則難者亦易矣；不為，則易者亦難矣。

人之為學有難易乎？學之，則難者亦易矣；不學，則易者

亦難矣。

節錄自清・彭端淑〈為學〉

此篇也是同時使用比興的手法和並列句式開頭，並巧妙地重複了一次，把「天下事」替換成「人之為學」。論述由大及小，比起孟子由近及遠，就差了一些。〈為學〉也是一篇很好的文章，但與孟子的〈魚與熊掌〉比較，〈魚與熊掌〉早發表了近二千年，卻顯得更高明更精采。

魚與熊掌是一招非常慣用的思考陷阱，也是一種文學技巧：

1. 二分，局限了你的選擇。

2. 強逼二選一，完成理所當然的推論，完成布局。

3. 替換概念。

4. 以類比的方式代入另外二個選擇，達到仿此同樣理所當然的結論。

事實上，即使同意魚與熊掌之間必定是選擇熊掌，但生與義之間為什麼要選擇義？二者之間，其實有什麼關係呢？

孟子另外還有一個絕招是「搬龍門」。搬龍門是足球運動引

申出來的俗語，說某人一球踢出明明射歪了，你卻把龍門搬到球的去向前面，於是這球就順利射入了。或說某人一球明明要射進了，你卻把整個龍門搬走，讓他射不進。

孟子拜見齊宣王，問：「聽說大王喜歡音樂。」

齊宣王臉色有點難為情，說：「我喜好的只是俗套的流行音樂。」

孟子：「你喜歡一個人享受音樂比較快樂，還是與別人一齊享受音樂快樂呢？」

王：「當然是與別人一齊享受音樂比較快樂。」

孟子：「你與少數幾個人享受音樂比較快樂，還是與一大班人一齊享受音樂快樂呢？」

王：「當然是一大班人。」

孟子：「……獨樂樂不如眾樂樂。大王與民同樂，這樣很好啊！」

明明齊王喜歡流行音樂，自知不務正業，卻被孟子轉移成為與民同樂之好事。

齊宣王：「我有毛病。我好勇。」

孟子：「王請無好小勇。夫撫劍疾視曰，『彼惡敢當我哉』！此匹夫之勇，敵一人者也。王請大之！《詩》云：『王赫斯怒，爰整其旅，以遏徂莒，以篤周祜，以對于天下。』此文王之勇也。文王一怒而安天下之民。《書》曰：『天降下民，作之君，作之師。惟曰其助上帝，寵之四方。有罪無罪，惟我在，天下曷敢有越厥志？』一人衡行於天下，武王恥之。此武王之勇也。而武王亦一怒而安天下之民。今王亦一怒而安天下之民，民惟恐王之不好勇也。」

明明齊王自知好勇鬥狠是一種毛病，卻被孟子轉移成一怒而安天下的勇武。

齊宣王：「我有毛病。我貪財。」

對曰：「昔者公劉好貨，《詩》云：『乃積乃倉，乃裹餱糧，于橐于囊。思戢用光。弓矢斯張，干戈戚揚，爰方啟行。』故居者有積倉，行者有裹糧也，然後可以爰方啟行。王如好貨，與百姓同之，於王何有？」

明明齊王自知貪財是一種毛病，卻被孟子轉移成與民眾一起愛惜財富，共享資源。

齊宣王：「我有毛病。我好色。」

對曰：「昔者大王好色，愛厥妃。《詩》云：『古公亶甫，來朝走馬，率西水滸，至于岐下。爰及姜女，聿來胥宇。』當是時也，內無怨女，外無曠夫。王如好色，與百姓同之，於王何有？」

明明齊王自知好色是一種毛病，卻被孟子轉移成君主示範給民眾如何享受婚姻和諧美滿。

孟子堪稱春秋戰國時代第一雄辯家，即使縱橫家的蘇秦張儀，或名家的公孫龍子，辯論之才似乎猶有不如。能與之匹敵的，可能只有莊子，可惜二人雖然只差三歲，一生卻未曾相遇比試過。他隨口引經據典，轉移目標，以無敵的說服力因勢利導，說得一切似非而是，似是而非，大王無言以對。不過正如孟子自己說的「以力服人者，非心服也，……」人家只是說不贏你，未見得心服，所以孟子之雄辯雖然未逢敵手，卻始終沒有真正成功地說服梁惠王齊宣王重用他。就像小孩子說不過你，就默默跑開，或勉強認錯，轉頭還是我行我素，做他自己的事去也。

孔子說：「**中人以下，不可以語上也。**」這齊宣王好色貪財好勇愛享受，顯然是「中人之下」，孟子即使用更顯淺的說話說出

大道理，也是枉費功夫。

今天，我們也常被老師或老闆以搬龍門的方法欺負：

1. 例如我參加作文比賽，卻因為字寫得不好而落敗。我可不是參加書法比賽啊！

2. 例如我業績表現很好，老闆卻說我經常遲到，沒有參加開會。在辦公室開會可不會增加業績啊！

3. 那位同學雖然文筆枯燥，才華一般，但書法秀麗，令人賞心悅目，此作文可評為優異。

4. 該同事雖然業績一般，但服從上司，準時上班，準時開會，即使開會不說話，也令人安心，是一位穩重可堪信賴的團隊成員，應升任業務主管。

5. 至於那位歌星，雖然唱歌走音，不過實在是……太……帥……了！難怪他是天皇巨星！

龍門搬了，目標改變了，輸家都贏了，贏家都落空了。

補記：

　　孟子無疑是個辯論天才，不過擅辯者不足以服人，即使因勢利導說出最好聽的言辭，最後還是得不到重用。用孟子的故事去比照孔子的言行一致，絕不巧言令色，知其不可為而為之，捨巧智而守拙誠，孔子無疑是更令人敬重的一個君子及硬漢子。至於後人說孟子是最能傳承孔子的儒家思維者，明顯二人氣質和原則都相異，恕不認同。

第22講 蘇東坡讀書法

　　書海浩瀚，與其貪多不如專心讀好幾本經典。然則經典要如何讀法？

　　蘇東坡〈又答王庠書〉：

　　但卑意欲少年為學者，每一書皆作數過盡之。書富如入海，百貨皆有，人之精力，不能兼收盡取，但得其所欲求者爾。故願學者每次作一意求之。如欲求古今興亡治亂、聖賢作用、但作此意求之，勿生餘念。又別作一次，求事跡故實典章文物之類，亦如之。他皆仿此。此雖迂鈍，而他日學成，八面受敵，與涉獵者不可同日而語也。甚非速化之術。可笑可笑。

　　蘇東坡是天下聞名的才子，年少成名，但從年輕到老都勤學苦讀。有個年輕人王庠向蘇東坡請教讀書的方法，他就介紹了這個笨方法，叫做「八方受敵讀書法」。他說一本好書內容豐富，從不同面向可以學習到不同的道理，所以每次只針對一個目的來讀，不要旁及其他。如能從多個面向反覆讀懂了這本書，那就算八方

受敵，被別人從不同角度來考驗你，你都能應付自如。這比貪心多讀書而讀得不精，要有益得多。

古代有一本《易經》號稱群經之首，有人從中讀到天道和命運，有人從中讀到君臣倫理和治國之方，有人從中悟到武術和兵法，也有人從中悟到醫卜星相風水。從不同面向學習，發展出各種不得了的哲學或應用技術。

我也常常用這個方法來看電影。大部分人喜歡看電影，每星期看三四部，一年就可以看一二百部。我是把喜歡看的電影來來回回的重看又重看：有時專看導演如何分場和剪接；看他用什麼眼光和角度去述說這個電影故事；有時看配樂，有時看場景和服裝美術；有時專門看劇情的舖排如何上下連接；有時專門看演員的演技和對白；有時看這部電影到底想傳遞什麼訊息，他有沒有成功做到了。意大利導演 Sergio Leone 的 Once Upon a Time in America ＜美國往事，台譯：四海兄弟＞，我百看不厭。周星馳梅艷芳主演的《審死官》，幾乎每次都找到不同的笑點。用這個方法每二三年讀一次《三國演義》和金庸古龍的幾本佳作，每次都有新的領悟。

現代中文教學指標但求每年要學生多學識幾個字，多讀完幾篇文章，多寫出幾份報告，一切以數字來量化，是一種偽科學的學習態度。一本好書其實可以讀好幾年，一篇好文章從不同角度有不同得益，因應學生不同程度講解可以或深或淺。舉例李白的＜靜夜思＞是篇修辭精美情景交融的抒情文典範，結果小學不能教太深，中學卻嫌小學教過不必重複，結果這篇短短二十個字的好文章究竟有多好，如何從中取鏡學習寫抒情文，學生讀了十二年中文都不知道。

＜靜夜思＞，本該小學教一次，中學再教一次。

蘇東坡（1037 年－1101 年）可稱宋代的文藝天才，從詩詞文章到書法繪畫，都是整個時代的最傑出人物。蘇東坡的生平卻十分坎坷，少年成名，科舉考試因為文章寫得太好，監考官歐陽修誤以為文章寫得這麼出色天下間只有自己的徒弟曾鞏，為了避嫌就把它評為第二，蘇東坡因此平白失去了當狀元的機會。其後蘇東坡還是當上了官，但官途坎坷，陷於新舊黨派之爭，得罪皇帝，不斷被貶官。

蘇東坡是四川眉山人，為了當官考狀元跑到北宋首都河南

開封市，後來被貶到黃州（武漢）、惠州（廣東惠陽）、儋州（海南島），差不多遊遍半個中國，以當年的交通，長途拔涉，又是被貶官，身心當是何等淒涼。然而蘇東坡生性豁達，抱著遊山玩水，體驗風土人情的心思，自尋安慰。這些心情，也都展現在他的大量作品中。

例如他被貶到黃州，就去遊赤壁，寫下千古傳頌的＜前赤壁賦＞、＜後赤壁賦＞和＜念奴嬌・赤壁懷古＞等。

＜念奴嬌・赤壁懷古＞

大江東去，浪淘盡，千古風流人物。故壘西邊，人道是，三國周郎赤壁。

亂石穿空，驚濤裂岸，捲起千堆雪。江山如畫，一時多少豪傑。

遙想公瑾當年，小喬初嫁了，雄姿英發。羽扇綸巾，談笑間，強虜灰飛煙滅。

故國神遊，多情應笑，我早生華髮。人生如夢，一尊還酹江月。

坊間多作「多情應笑我，早生華髮……」。這是填詞牌，詞牌念奴嬌有固定的旋律和斷行分句，先有曲後填詞，前面多一字後面少一字，就出律了。多情應笑，是笑此多情，笑自己故國神

遊，想得太遠了，故國神遊的句首，就隱藏了一個「我」字，不須要再加個「我」字在句末。「我早生華髮」，這個「我」的運用卻是從遙想轉接回到現實，對應前面的「故國」：看我自己都早已是白頭老翁了，還去遙想當年公瑾如何雄姿英發幹嘛呢？人生仿如夢一場，現在就跟江月喝一杯吧。

後來被貶到惠州，蘇東坡又迷上了吃水果，吃得興高采烈：

羅浮山下四時春，盧橘楊梅次第新。

日啖荔枝三百顆，不辭長作嶺南人。

<惠州一絕>

譯文

羅浮山下四季都是春天，枇杷和黃梅天天都有新鮮。

一天吃他三百顆荔枝，一輩子做嶺南人我都甘願。

宋徽宗建中靖國元年（1101 年），也是蘇東坡生命的最後一年，他從被貶謫的儋州（今海南島）獲赦北歸，途經鎮江金山寺，感慨萬千而寫下的一首詩。

心似已灰之木，身如不繫之舟。

問汝平生功業，黃州惠州儋州。

<自題金山畫像詩>

心似已灰之木，身如不繫之舟，二句均出自莊子。蘇東坡的詩詞文章，深得莊子轉念的精髓，無論人生遇到任何困境，總可轉念到自得其樂的一面。

騎驢渺渺入荒陂，想見先生未病時。
勸我試求三畝宅，從公已覺十年遲。
　　　　　　　　　　＜次荊公韻＞

這是蘇軾唱和王安石的詩。王安石原詩為：
北山輸綠漲橫陂，直塹回塘灩灩時。
細數落花因坐久，緩尋芳草得歸遲。
　　　　　　　　　　＜北山＞

次韻詩就是用對方押的韻仿作一首，向對方致敬或表達親近之意，古代文人流行的社交方式。蘇軾和王安石政見不合，天下皆知，蘇東坡更因反對王安石新政變法得罪皇帝而吃盡苦頭，但兩人對彼此的才學卻相當佩服。蘇東坡讀王安石的作品，不止一次嘆息：「此老真野狐精也！」王安石讀蘇東坡的作品，也向別人嘆息：「不知幾百年方出此等人物。」

元豐七年（1085 年），王安石被罷官閒居金陵，蘇東坡從黃

州流放歸來去看望他，王安石野服騎驢去江邊迎接。王安石病魔纏身，**細數落花因坐久，緩尋芳草得歸遲**，可見生活十分無聊。**勸我試求三畝宅，從公已覺十年遲**。你勸我就搬來跟你一起住，我真覺得十年前就該這樣了。顯然，兩位政見不合的大文豪，已經和解了，這是何等高尚的情操！所謂自古文人相輕，只適用於沒有氣度的庸碌之輩。

人皆養子望聰明，我被聰明誤一生。

惟願孩兒愚且魯，無災無難到公卿。

<洗兒>

洗兒，舊時漢族風俗，嬰兒出生三天或滿月，親朋集會慶賀，給嬰兒洗身。蘇軾當年得子，「洗兒」之外，賦此《洗兒詩》。

蘇東坡話雖如此說，不過**「文章本天成，妙手偶得之」**[註一]的蘇東坡是天才中的天才，蘇東坡的後人，天下喜歡讀書寫作、文藝創作的莘莘學子，誰不希望擁有蘇東坡的妙手？

蘇東坡的精采詩文用字顯淺，即使不用現代語體文翻譯，你也可以猜到八九十分，時隔近一千年，讀起來沒有什麼隔閡。他的寫作風格生動活潑，豪邁開朗，感情豐富，最難得是題材正面，熱情浪漫，結論往往樂觀。配合他的精采人生故事，和

許多坊間傳說的笑話軼事，是最好的文學入門教材。

　　所謂八方受敵讀書法，意思是書海無垠，如要學習知識，四面八方都是，東碰一下西碰一下，如八方受敵，你是招架不住的。必須選定焦點，每次集中鑽研一個部分，就容易有所得著。現今的中國語文課綱，但求各方不要得罪，東選一文西選一篇，繁花點點，學習者如八方受敵。文學入門，先讀三個月蘇東坡，必有猛進。此事不用等老師來教，自己上網找找，就可以開始教你的小孩了。

　　文學入門一：蘇東坡作品（上面已舉例的從略）

　　1. 詩。題西林壁（橫看成嶺側成峰）從山水詩引申出人生哲理。

　　2. 詩。紅梅（怕愁貪睡獨開遲）從詠物詩借喻人的品格。

　　3. 詩。縱筆（寂寞東坡一病翁）借兒子的誤會來自嘲。

　　4. 詞。江城子（十年生死兩茫茫）寫夢境，憶亡妻，感情真摯。

　　5. 詞。江城子（老夫聊發少年狂）寫打獵，兼述志，意氣昂揚。

　　6. 詞。水調歌頭（明月幾時有）中秋節，想念弟弟子由，情意深遠。

　　7. 詞。定風波（莫聽穿林打葉聲）寫遊山遇雨，而悟到一番哲理。

8. 詞。浣溪沙（山下蘭芽短浸溪）借景抒情，自我鼓勵。

9. 詞。臨江仙（夜飲東坡醒復醉）寫喝酒夜歸，反省人生。

10. 詞。漁父（漁父飲，誰家去）極簡單的歌謠體，小孩子都可仿作。

11. 詞。蝶戀花（花褪殘紅青杏小）偶然路過牆外，聽見裡面的笑聲，自作多情。

12. 文。前赤壁賦（壬戌之秋七月既望）月圓之夜遊赤壁，緬懷過去，藉此抒情。

13. 文。後赤壁賦（是歲十月之望）晚秋月圓之夜遊赤壁，另一番景色，更有奇幻遭遇。

以上共介紹了 18 篇蘇東坡的詩詞文章作品，適合文學入門詩詞類的第一二課。其他蘇東坡詩詞文章不是不夠好，只是沒那麼顯淺易懂。教文學當然不能夠只教李白、蘇東坡，但用來敲門提昇趣味，這兩個人從生平故事到創作風格都有趣，語言也易學易懂，是最有效的敲門磚。

歷年語文教育分兩派：一派什麼都教一點，讓你有個全面概括的基礎，缺點是幅員廣大，貪多嚼不爛。試想中華文化

三千年，每年選一個高人一篇最佳文章就三千篇了，要花多少時間才能融會貫通？另一派採用狹窄輸入法，在鎖定的小範圍中不斷重複加強和深化，讓你快速掌握後，再因應自己的興趣或需要往廣度發展。近代許多研究已經證實這種方式可讓學習者更快速有效地掌握語言的運用，但從何處先入手因人而異，不適合大班教學，統一課綱。然而對於採用 home schooling（在家學習）的父母及小孩，狹窄輸入法顯然更為適合。

　　說完 18 篇蘇東坡，13 歲以上的少年人大概可以領略蘇東坡的文章風格和慣用技巧，如不涉及寫作練習，不過是 5－8 小時的授課和討論。同為唐宋時代作品，一篇〈虯髯客傳〉900 字要教整整一星期，以之教 18 篇蘇東坡，字數差不多，題材鮮明結構簡單語言精采，對於學生來說有趣得多，也輕鬆得多。

【註一】
　　「文章本天成，妙手偶得之。」這兩句出自另一名詩人陸游，但很多人卻喜歡用它來形容蘇東坡。

第 23 講 氫氦鋰鈹硼——談背誦

　　女兒升中三開始要必修自然科學，所謂自然科學就是包含物理、化學及生物的初級入門課程。她問我這三科哪科比較容易？我說物理科只要懂得原理，用對算式都很容易，不過物理包含的範圍比較廣，光學聲學電學力學及其他，要一個個搞懂要有點科學家的好奇和探究精神才會讀出趣味。生物學也不難，記性好就差不到哪裡，就是叫你死記一大堆專有名詞就對了。至於化學，我認為是最容易的，只要掌握幾個重要元素，了解他們的特性、演變和運用，來來去去都差不多。

　　學習化學的入門是要熟習元素週期表（Periodic table）前二十個元素：

氫氦鋰鈹硼

碳氮氧氟氖

鈉鎂鋁矽磷

硫氯氬鉀鈣

還有活躍金屬序列表：

鉀鈉鈣鎂鋁

鋅鐵錫鉛氫

銅汞銀鉑金

從字的部首就可以知道它是氣體或金屬或石碳類，再檢查它在序列中的位置，就知道它是多出離子還是缺離子，最容易構成離子鍵（ionic bond）還是共價鍵（covalent bond）。

說到這裡，我猛然頓了一頓，事隔三十五年，想不到仍能背誦如流。當年的化學科老師陳孚東先生，傳說是個狀元級的讀書怪傑，例如他曾當場跟我們表演寫黑板：圓周係數pi=3.1415926535……（他可以背到小數點後三十個數位以上，精確無誤！）這個元素週期表及活躍金屬序列，他教我們就是用單音節字來背誦和默寫，把它當做「床前明月光」的五言絕詩來背誦就對了，熟記後保證一輩子不會忘記。果然，我三十五年後的今天仍未忘記。

中文字的特色，就是容易背。只要字數相當，隨便押個韻甚至不押韻，一字一音，就算文理不通，很容易就琅琅上口記

背如流。我稱之為「並列句式記憶法」。

歐洲語文很早期就脫離了格律這件事。拉丁語系是多音節單字，強求押韻或對仗上的工整反而局限了創作。自由體的文章不容易背誦，而拉丁語系受希臘哲學的邏輯推演影響，更重視語理邏輯的句構和整體鋪陳的推理運用。所以現代的歐美語言教學，大多不重視背誦。

把這種歐美語文教學觀念搬到中文教學上，然後取消文言文和不需要學生背誦中文（**無論現代文章或各式古文**），這是全亞洲中語教學的趨勢，其理據當然是來自那些擁有歐美語言教學經歷，然後以專家身份回來亞洲各地主導中文教學發展的流洋高官。

不過他們忽略了中文是單音節字，他們忽略了幾千年的中國語文都重視字義的對仗及音韻的諧協，組成對句後從句構到音韻所產生的獨特的音樂美感，更是西方語言所無。

把音節優美的句子組合成文章，這些文章在春秋戰國時期要在君主面前當眾大聲吟誦，說得君主動容被說服，可以改變

整個國家政治和軍事的決策。這些文章在唐宋時代編成流行曲目，受帝皇賞識可以與天子共飲，隨侍皇帝左右，既得功名富貴，又在民間被傳遍千里，名噪一時。這些文章在元明清時代變成小說和戲曲的精采情節或對白，讓鄉間草民也能膾炙人口，發揚光大。

而這些重要的三千年來被篩選再篩選的文章，是精華中之精華，只要懂得好好的欣賞和學習，才能掌握真正屬於中國語言文學的風格和特色。

值得背的，當然要背。放在腦袋裡隨時可以拿出來用，反覆領悟，進步更快。

用不上的，背來何用。圓周率是無窮數，你可以背到小數點後 1000 位，後面仍源源不絕，原子序列表有 118 個元素，全背起來大部分無用。

愈具備中國語言文學風格和特色的古代文章，其實愈容易琅琅上口被背誦，中文字的特性就是好背，它是單音節字，古代以韻文的方式傳達，透過對仗、押韻、並列句式，輔助傳授。唐宋時期的詩詞散文，簡潔精采，倘能牢記在心，時刻玩味，中文水平必大有進步！

搜尋　元素週期表 🔍

H 氫	2											13	14	15	16	17	He 氦
Li 鋰	Be 鈹											B 硼	C 碳	N 氮	O 氧	F 氟	Ne 氖
Na 鈉	Mg 鎂	3	4	5	6	7	8	9	10	11	12	Al 鋁	Si 矽	P 磷	S 硫	Cl 氯	Ar 氬
K 鉀	Ca 鈣	Sc 鈧	Ti 鈦	V 釩	Cr 鉻	Mn 錳	Fe 鐵	Co 鈷	Ni 鎳	Cu 銅	Zn 鋅	Ga 鎵	Ge 鍺	As 砷	Se 硒	Br 溴	Kr 氪
Rb 銣	Sr 鍶	Y 釔	Zr 鋯	Nb 鈮	Mo 鉬	Tc 鎝	Ru 釕	Rh 銠	Pd 鈀	Ag 銀	Cd 鎘	In 銦	Sn 錫	Sb 銻	Te 碲	I 碘	Xe 氙
Cs 銫	Ba 鋇	La 鑭	Hf 鉿	Ta 鉭	W 鎢	Re 錸	Os 鋨	Ir 銥	Pt 鉑	Au 金	Hg 汞	Tl 鉈	Pb 鉛	Bi 鉍	Po 釙	At 砈	Rn 氡

　　化學科的「原子序列表」，現在稱為「元素週期表」，表格上只看見原子序列，如何見到元素週期？它只是長得有點像日曆而已。

周伯通教學法——識字・上

　　據說《漢語大字典》2018 版收錄楷書單字 60370 個，而實際生活上我們的常用字量是有限的，中國最重要的歷史著作《史記》全書約 562500 字，實際用字只有 4971 個，中國四大奇書之一《紅樓夢》全書約 96 萬字，實際用字只有 4462 個。現代中文常用字其實只有約 3500 個，用於一般讀物範圍內其覆蓋率已經達到 99.48%。

　　台灣小一至國三共九年中文教學的教師指引大概第一階段是學識約 200 個基本常用字和部首，第二階段是約 1000 字，九年內大概能夠掌握常用漢字的運用大概 2200 － 2700 字範圍。

　　自從大中華教育界被西方所謂的科學教學及評估方式誤導後，很多教學指標是以量化單位來評估教學成果的：例如要求一個小朋友在什麼時候該學懂多少個字；例如如何令一個小朋友在更短時間內學懂更多的陌生字。

今天大部分的以漢語為母語，以中文為主要書寫語文的華人，常用字應該不超過 3000 個。比起《漢語大字典》的六萬多個中文字，連 5% 都不到。

❖中華字經：快速學字法

近年中國教育界流傳一篇十分厲害的《中華字經》，網上吹噓是如此厲害：

1. 教材的權威性

《中華字經》是由中華人民共和國教育部語言文字研究所研究員、共七位語言文學及音韻專家歷時三年編撰而成的幼兒超級識字教材。

2. 漢字收錄的專業性

這些字覆蓋了自然科學和社會科學文章用字的 99.81％，是中國人一生的常用的全部漢字。

3. 韻語成篇的易記性

四字一句、八字一韻，平仄對仗、韻語連篇，朗朗上口，極易記憶。

4. 涵蓋百科的知識性

包括天文、地理、人倫、大道、歷史、政治、經濟、教育、

科技、體育、建築、山水、動物、花草、果木等五十大門類的知識，僅歷史典故就達 150 多個。

5. 快速識字的高效性

全文四千漢字無一字相重，它用高難度的寫作換來兒童高效率的學習。普通兒童 3 － 6 個月學即可學完人生常用漢字。5 歲兒童 150 個學時學完《中華字經》4000 字，完成大學本科生識字字量，鞏固率為 90%以上，提高現有識字速度的 20 多倍。

（以上轉載自網路）

說得這麼厲害，有些小學就真的讓九歲小學生半年內背熟這 4000 字，高效率「完成」了一個重要的教學識字指標，之後就可以進行大量閱讀……云云。有些專業師資更推而廣之，把這中華字經拿去教學習繁體字的小學生，甚至拿去外國教完全零程度、不懂中文也沒有華語生活環境的外國人。

這四千字文的寫法是仿傚公元六世紀周興嗣的千字文，歷史說法是梁武帝命人從大書法家王羲之的書信中挑出一千個不重複的字，異想天開要求文臣周興嗣編成有意思的文章，練習書法用的。周興嗣為了應付皇帝，熬夜一個晚上拼出一篇《千

字文》，開首 48 字：

天地玄黃	宇宙洪荒	日月盈昃	辰宿列張
寒來暑往	秋收冬藏	閏餘成歲	律召調陽
雲騰致雨	露結為霜	金生麗水	玉出崑岡

　　讀起來氣勢磅礡，彷彿在解說宇宙的誕生，很有意思，其實只是為了應酬天下間最難侍奉的皇帝，這一計，叫做先入為主，文章愈到後來，愈是不知所謂。

　　天下沒有一千字不重複的好文章，遑論四千字。這「四千字文」仿傚《千字文》的寫法，開首就是「乾坤有序，宇宙無疆……」^(註一)因為有四千字更好調動，前面是愈加通順，到得後來卻愈是捉襟見肘，神仙難變，平仄對仗押韻並沒有固定規矩和連貫性，個別文句是否通順有理也疑問不少，裡面能否涵蓋百科知識和歷史典故就更不用提了。隨便挑一句：**烏髮比臀，酥胸腰間，修腿負軀，弓腳婷站**。顯然是勉強拼湊。兒童階段生活單純記心好，硬吞四千字不過是用我當年背誦原子序列表「氫氦鋰鈹硼」前二十個無相關單字的方式，放大二百倍來背誦，我稱之為「並列句式記憶法」（**詳見前文＜氫氦鋰鈹硼＞**），字裡行間有沒有意思其實都一樣好背。

近年有幾個香港／台灣學者提倡幼童學習繁體版四千字文，中華字經這四千字文本是用簡體字寫成，換成繁體字其實缺陷不少，例如：

1. 第一個字就出了大問題。簡體字「乾」是特定名詞，例如「乾坤」「乾隆」，而「乾燥」「口乾」的「乾」簡體字是「干」。

2. 簡體字的「干」變成繁體是三個完全不同的字：

  i. 乾：乾脆、乾爽、餅乾、乾杯⋯⋯等

  ii. 幹：能幹、幹部、幹活、幹嘛⋯⋯等

  iii. 干：相干、天干、干涉、干預⋯⋯等

3. 复字簡體通用複和復，換成繁體字，「台灣復歸」，用「復」字，整篇文就欠缺了「複數」這個常用字「複」。

4. 例如「英佔香港」，簡體字「占」通用「占」和「佔」，這裡是「佔」，就少了「占卜」的「占」。

5. 例如「色空輪迴」，簡體字「回」通用「回」和「迴」，這裡是「迴」，就少了「回家」的「回」。

簡體四千字文仿傚千字文，已經是吃力不討好，你去搞繁體四千字文，正是人家東施學西施皺眉頭，你卻跑去學東施放屁了。

古代文字大都一字多義，隨著社會進步生活愈來愈複雜，於是把那些多義字分拆，給它不同的邊旁以表不同的意思。結果是文字愈造愈多，筆劃愈來愈複雜，草根老百姓無緣長期接受中文教學，變成文盲。簡體字為了簡化，把不同的繁體字綜合為一個簡體字，那是還原到古代一字多義的用法了。合久必分，分久必合，是天道循環，不同時代有不同需求，要了解一字多義，卻全憑領悟者的使用經驗。有經驗的人一目了然，沒有經驗的人一頭霧水，這四千字文是用來教初學者的教材，自然是學了等於沒有學過的一頭霧水者居多。

　　當年周伯通教郭靖九陰真經，到最後的總綱全是梵文的漢音符號，不管文理上下一字不懂，周伯通教郭靖全部硬背就對了。後來金毛獅王謝遜教張無忌硬背七傷拳經口訣也是用這種方法。這種並列句式記憶法自古皆有，古代老師要求小孩背《三字經》，其原理也是一樣。今天的幼童硬背四千字文，其實際得益就跟當年的郭靖、張無忌差不多，假以時日或遇到高人指點，才逐漸融會貫通，最後能使用的常用字，也始終是二千至二千五百字左右。

　　語言的表達，記憶力之外是組織能力和想像力。一個九歲學生懂得 500 字另一個懂得 4000 字，誰的文章寫得比較好？說

話比較生動？我賭懂得 500 字的那一個。用科學的理由是如果兩個人每天講和寫同樣多的字，只懂得 500 字的小孩重複練習每個字的頻率是懂得 4000 字那一個小孩的 8 倍。

【中華字經】（第一部分節錄）

乾坤有序，宇宙无疆，星辰密布，斗柄指航。
昼白夜黑，日明月亮，风驰雪舞，电闪雷响。
云腾致雨，露结晨霜，虹霓霞辉，雾沉霭降。
春生夏长，秋收冬藏，时令应候，寒来暑往。
远古洪荒，海田沧桑，陆地漂移，板块碰撞。
山岳巍峨，湖泊荡漾，植被旷野，岛撒汪洋。
冰川冻土，沙漠沃壤，木丰树森，岩多滩广。
鸟飞兽走，鳞潜羽翔，境态和谐，物种安详。
形分上下，道含阴阳，幽冥杳渺，天体著彰。
凝气为精，聚能以场，缩浓而质，积微显量。
化巨幻虚，恍惚成象，强固凌弱，柔亦制刚。
终极必反，存兴趋亡，色空轮回，动静恒常。
唯实众名，一理万方，父母爹娘，没齿难忘。
兄弟姐妹，危困助帮，姑姨叔舅，亲戚互访。
侄男闺少，哺育苗壮，夫妻相敬，梦忆糟糠。

這不重複的四千字除了硬背外作為教材可以有更多有趣的用途。例如把之當作文字迷宮去學習認字，要小朋友或外國人比賽快速從四千字裡找到一二三四五六七八九十，找到金木水火土日月，找到自己和家人的中文名字，這樣玩一玩，學生的認字能力必定大大提高。

第25講 王語嫣的武功——識字・下

金庸名著《天龍八部》中有個絕色美女王語嫣，讀遍武學秘本過目不忘，但不懂一點武功。小說家玩弄名字的小把戲，嫣就是美好，語嫣就是說得很美好，還要姓王，就沒人說得贏你了。

不過說起來天下無敵，做起來還是無能為力。

前文說到現代中文教學以識字量為教學中文進度的標準，究竟識得字多是否就代表懂得中文呢？

> 道可道，非常道。名可名，非常名。
>
> 　　　　老子《道德經》＜第一章＞開頭

> 知之為知之，不知為不知，是知也。
>
> 　　　　孔子《論語》＜為政篇＞

道、可、非、常、名、知、之、為、不、是、也。這十一個字，今天接受中文教育的城市小孩，大概在未進入小學一年級階段之前就都認得其字貌了。不過整句的表意（先不談內涵），隨便

找 100 個識得 4000 中文字的華人問問，能把這二句用口語解釋清楚的，可能一半都沒有。

放眼全世界，中文字非常獨特而奇妙。中文每一個字雖然包含不同的聲母韻母和語調，但每一個字都是單音節字。一字只發一音節，乾淨俐落，殊不像外國語言每個字的音節或多或少。它的歷史悠久，部分文字源流可追溯至幾千年前的象形文字。

❖戰國文字的五大派系

秦始皇在公元前 221 年終於統一天下。當時七國文字主要分裂成了五大派系，分別是秦系、齊系、燕系、晉系、楚系，

這五個派系中，只有東周和秦國尚在沿用西周或之前的大篆，其他四個派系都對文字進行了不同程度上的改變。

秦始皇以秦國文字為基礎，快速統一了文字（那時候還不叫漢字），頒布標準文字的規範，目的一方面是展示威權，另一方面是方便治理；是為一直沿用到東漢的小篆。秦始皇統一文字的成就：

1. 確定了哪些字是有偏旁部首的；

2. 確定了偏旁部首的位置；

3. 確定了偏旁的類型及表達的含義；

4. 規定了每個字的筆劃數目。

對於中國文化的貢獻，秦始皇實在功不可沒。

❖秦始皇統一文字

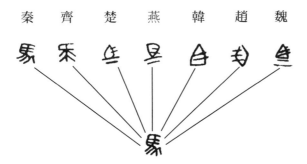

凡事有利有弊，辦事大刀闊斧，就容易得罪人。統一文字，

對老百姓和官員是方便，不過對於習慣使用其他四派文字的讀書人卻造成極大不便，尤其東方齊字與西方秦字差異極大，儒家源出齊魯，明明最識字的人突然變成不識字，還要重新學寫秦版新字！儒家手上什麼不多就是字最多，從孔夫子開始歷代祖師爺流傳二百多年的竹簡難道要全部重新抄過，一時間去哪裡找到這麼多竹片？

戰國時代重視書本的只有少數讀書人，其中儒家最多，因為他們要傳承孔子編寫的《詩》《書》《禮》《易》《春秋》五經，及從《論語》之後的許多弟子文獻。儒的最原始意思，就是指讀書人。老百姓只想務農，軍隊只顧練兵，政府要轉換官方文字其實對一般老百姓影響不大。秦始皇六國都能滅了，怎會害怕少數的讀書人，為了統一文字推行順利，乾脆一把火把其他六國文字的民間書本全部燒了，只保存一個版本在阿房宮國家圖書館，這是堅壁清野的做法。

在六國讀書人，尤其儒家學者眼中，那是把他們的文化心血全部埋葬於土地了，確實是焚書坑儒，坑的不是讀書人，是儒家自孔子以來傳了二百多年的儒家紀錄，紀錄的文字是用齊魯流行的字體。

　　不過字是死的人是活的，兄弟們我們就全部用腦袋背下來吧，巧智不如拙誠，巧功夫不如笨功夫，把知識背到腦裡，任何人都帶不走。結果是秦始皇在讀書人眼中固然壞到極點，而讀書人的背書功夫卻因此厲害到極點。古人背書就像今天我們用電腦，收到資料記得一定要存起來。

　　文字的樣貌可以傳承二千年不變並不是理所當然的事，秦始皇統一中文字貌應記一功，否則各有各寫，各有各變，莫衷一是。英格蘭流行通用的當代英文，其實是從大概莎士比亞的劇作成功後才開始，而莎士比亞創作的黃金時期，大概在十七世紀初 1600 年左右，距今不過四百多年歷史。即使這四百年前的用字和語句，今天很多英國人和美國人，已經完全看不懂。

　　莎士比亞用他那個年代的 Modern English 寫成的眾多佳作，有大量語文教育者重新翻譯成今天的 Modern English，讓中學生也能輕易讀明白，而更容易讀懂裡面的精華。當代中文教育者，如能把過去三千年自先秦諸子百家到近代的名篇翻譯成當代中文讓中小學生學習，這批教材的思想內涵遠比現在亂七八糟的選材有營養得多。

　　在應用語文的層面，識字不如識句，把幾千個中文單字記

熟了，不見得就識用。學識使用三百句中文，足夠在中國任何地區旅遊，勝過記得四千個中文字。學習使用的過程中，因為需要使用，自然會想去學識那個情境的更多字，只是每個人的需要不一樣而已。這是用在識先，學習句用比識字重要。

在文學的層面，識字不如識用，要寫一篇好文章，不必先懂得幾千個字。李白蘇東坡的詩詞，千古傳頌，小兒能讀，用字淺白，而無損其意境之高妙，技法之高超。因為想寫一句漂亮的詩，想造一句最貼切的形容，自然想去了解那個情境更多的用語和表達方法，學識運用那些字。這更是用在識先。

外國人教小孩語文，從零程度開始就是教會話，鼓勵孩子自由表達，誘導孩子投入表達。然後在不同情境置入更多相關詞彙，滿足孩子的表達欲望，讓孩子更好發揮。說話多的孩子他不斷在練習表達，文字運用和語句組織的能力不斷在增強。中文課上老師卻只叫孩子安靜，在密室中斷絕一切生活關連去教中文識字，唯一達到的教學效率，只是方便老師盡快教完。

順帶一提：用字貴精不貴多，中外語言都一樣。中國人學習英語會話可以去看馬雲的英語視頻。馬雲本身是英文老師，又

是成功企業家。馬雲出席世界各地場合，其英語會話每多臨場發揮，用字造句並不艱深，句法都是簡單語法，但出席大小演講和對談，應對得體，表達清楚明白，既有西方人的風趣幽默，卻又常展示中國人的智慧。比起去背誦英美著名演講，對於一般老百姓來說，看馬雲英語短片獲益更多。

第 26 講　何處食雲吞？——談語言發展的縱跡

　　凡路過必留痕跡，中國地大且歷史悠久，尤其每逢戰亂，就促成了文化衝擊和交流。日本侵華時期大量北方人逃難至香港，還有 1% 印度人和 1% 洋人長居此地，致使民間創造了大量新的詞匯。

　　上世紀三十年代至五十年代因為戰亂，很多北方人一路往南逃亡，最後來到香港。北方人人生路不熟，看到路人走過，就稱呼「老兄，請問這地方怎麼去？」「老兄，請問要不要請人？」逢人稱「老兄」表示客氣，廣東人不諳北方話，聽多了，就叫從北方過來的新移民為「撈鬆 lao song」（粵音，二字均從陰平聲）

　　lao song 找不到工作，只好賣餃子。廣東人最喜歡吃那種包了新鮮蝦肉和豬肉，煮在清湯裡面的餃子，新鮮爽口又充實飽肚，於是問老兄這叫什麼？ lao song 說：「這是餛飩（hun tun）。」廣東人聽到耳裡，聽成粵音「雲吞」，這東西浮在湯上果然像片雲，一口吞下去更是「只應天上有」的美味，於是大家互相傳開，都

做起雲吞來了。今天香港人每個人都懂得吃雲吞，卻未必識得什麼是餛飩了。而在台灣，路上有很多標示「餛飩」的招牌，卻鮮少見到「雲吞」。兩個名稱，都變成現代流行語。

1975 年麥當勞登陸香港，推出一種夏天飲料叫做奶昔，比起美國七十年代的 milkshake 必定有一圈圈漂亮的 cream 在上面，這奶昔只是調味粉加冰塊加奶攪拌成一杯甜味凍飲，有人說那其實是印度人的 lassi，小朋友喝了會拉屎。所以奶昔究竟是印度 lassi 的粵音音譯還是 milkshake 的意譯，我找不到答案，不過奶昔之名從香港傳出，現在全球華文通用。至於印度咖哩，這咖哩二字，是翻自印度語 Kari。Curry 卻似乎是從中文咖哩再音譯過去的。

從外國傳到香港翻成中文又發揚光大的，最流行就是咖啡 coffee，現在全球華文通用。計程車的士是從 taxi 來的，中國國內有城市也叫「的士」，不過也有叫出租車的，台灣叫計程車，俗稱小黃（因為台灣的計程車是黃色的），廣府話「黃」「王」同音，用廣東話說「小王搭了小黃逃跑了」（「小王」是情夫的台灣俗稱），聽到廣東人皺眉頭。（一笑）

葡萄美酒夜光杯，葡萄是西域傳過來的美味水果，大家叫它葡萄一直叫到現在。玻璃也是西域的讀音直接翻過來的，沿用至今。中國的荔枝，古代稱「離枝」，從枝上摘下來的美味水果，去到外國就叫 Lee Chee。

同詞異義，如不了解地方文化，隨時會鬧出笑話。例如：

北方人稱老婆為媳婦，南方人稱兒子的老婆為媳婦。

香港人稱旅館 hotel 為酒店，台灣人稱酒店是去飲酒有小姐陪坐的娛樂場所，台灣人稱 hotel 為飯店。飯店，在香港卻是吃傳統中式小菜的餐館。hotel 的中文翻譯，我認為「旅店」更為精準。

現代仍有很多中國人有誦讀般若波羅蜜多心經的習慣。般若波羅蜜多這個字，以及心經結尾的一段咒語：故說般若波羅蜜多咒，即說咒曰：**揭諦揭諦，波羅揭諦，波羅僧揭諦，菩提薩婆訶。**以上經文，是唐代僧人依照當時的中文語音翻譯過來的，原本是藏語還是印度語，不得而知。字音有沒有偏差？當然是有的。現代人說廣府話的用廣府話唸，說普通話的用普通話唸，說閩南語的用閩南語唸，這樣唸咒是否有效我等凡人實在不得而知。心誠則靈，觀音菩薩神通廣大，應該會聽得明白的。

第27講 約定俗成——讀音隨時變

香港有一派學者一直在推行「粵語正音運動」，一搞幾十年，因為形象權威，又努力不懈，影響所及，部分教育界和電視傳播界亦因此轉音。

「粵語正音」主要是依《廣韻》中的反切注音作為標準。依此韻書標準

姓任的人（粵音任務的任，讀成淫蕩的淫。）陽去轉陽平，變成淫先生淫小姐。

姓韋的人（粵音偉大的偉，讀成包圍的圍。）陰上轉陽平，變成圍先生圍小姐。

姓樊的人（粵音范圍的范，讀成麻煩的煩。）陽去轉陽平，變成煩先生煩小姐。

名主持人韋基舜（1933年－），曾任報社社長，地道香港人，曾一度撰文反駁：

「我的姓氏『韋』字，要讀作『圍』音。如果所言正確的話，

也就是說我一世人也講錯自己的姓氏。」

「香港姓韋族人，多聚居在沙田大圍，何不到大圍問問韋氏族人：他們的姓氏到底讀甚麼音？」

查《廣韻》的全名是《大宋重修廣韻》，是宋真宗大中祥符元年（公元 1008 年）陳彭年等人奉詔，根據更早的《切韻》、《唐韻》等韻書修訂成的一部韻書。這使得《廣韻》成為中國古代第一部由政府主修的官方韻書。這部韻書是針對全國文字的官方發音，並不是錯對廣東廣西地區的方言發音而制定的。

這書已經千年，雖說香港人的粵語發音接近唐宋時期的中原口音，雖說宋朝末代皇帝趙昺被蒙古人追殺，傳聞一直逃難到香港小住過一陣子，但是語言經歷時間和地域的大幅改變，當然不可能保持原貌。現在中原的語言都改普通話了，香港口語要跟隨一千年前的宋代中原口音才叫讀音正確，如此食古不化，其實毫無理據。文科學者多兼讀哲學，哲學入門課是邏輯，這邏輯簡明，中學生都應該能懂。這是理。

我們的名字是我們的父母用母語命名，那組讀音包含了父母的想像和祝福，甚至隱含了一段動人的故事，能夠不改，最好就原汁原味。這卻是情了。

　　用千年前的廣韻作為今天香港母語的正音正讀，一不合情二不合理也。

　　語言是每個地方約定俗成的結果，從發音到語用到含義，無時無刻都在改變。字典是採集各種語言使用的結果，如果採集的案例追不上時代，就跟舊報紙一樣，除了浪費紙張破壞環境，沒有實用的價值。抱著舊字典搞正音正義運動的學者，其實真的無人介意他們在自己的學術領域裡從事研究考古的工作，但請不要拿舊東西出來糾正語言的自然變化，搞亂社會秩序，混淆社會視聽。

　　美國教授母語從來不教注音，小時候我學中文母語也不教注音或拼音，因為同一組符號不必記兩種音（它本來的發音和拼出來的合音未必相同），以一般小孩子的資質，用幾年時間記熟幾千個中文字的單音並不困難，雖然我不認同識字量代表教學成效，但中國用四千字文（中華字經）讓學生在九個月熟記四千個中文單字的發音，大量實驗證明一般小孩子能力是可以在合理時間內記得熟每個字的發音的。

　　近年香港又多了二個新讀音字：

hea⋯⋯ 形容馬虎不認真，很隨便，懶懶閒的樣子

例：最近我的工作很 hea（投閒置散），最近我很 hea（無所事事），你 hea（偷懶）夠了沒有？

chok⋯⋯ 形容人勉強裝出很有型很帥的樣子，擺出萬人迷的姿態（其實卻不見真的很帥很萬人迷，是一個嘲諷用字）

例：他今天樣子好 chok（他今天在裝帥！）

翻查歷代中英文字典，無此二字出處。大概在 2015 年不知誰開始用，用起來有趣，大家跟著用，媒體也跟著用，於是就流行起來，成為新用語。

另一種語音變易，有時候只是因為官方失誤或為了避免尷尬，最後將錯就錯，習非成是。例如詩經第一篇關關雎鳩在河之洲，這鳩字粵語正音讀 gou，陰平聲，溝通的溝也讀 gou，陰平聲，香港人自五六十年代開始社會上有一流行粗口「尻」，意指男性性器官，也是讀 gou 陰平聲。校園避諱與粗話同音，故意把 g 聲母換成 k 聲母，所以香港人從小就讀關關雎鳩（kou），溝（kou）通，而不會讀成 gou。

　　天主教周日望彌撒，彌撒是拉丁語 Missa 的音譯，彌的讀音 mei 依廣韻聲母是 m，梵語「阿彌陀佛」的近代英文音譯 Amitābha，這彌的聲母發音似乎也是 m，不過香港九龍最主要的一條街道叫做彌敦道 Nathan Road 當年香港是英國殖民地，街道命名是先有英文名再有中文名。把 Nathan Road 譯成彌敦道的中文翻譯官可能是個客家人，客家話彌讀作 ni。重點是，過去數十年香港幾百萬人每天都經過彌敦道，大家都叫它（nei）「尼」敦道（粵音：尼姑的尼），不會有人裝模作樣叫它作（mei）「眉」敦道（粵音：眉毛的眉）。

　　從前香港有個垃圾填海區叫做 Junk Bay，聰明的翻譯取 J 和 K 的聲母諧音把中文名字改成「將軍澳」，今天將軍澳的房價香港人年薪港幣過百萬元未必買得起，英文譯名更新為音譯 Tseung Kwan O，如果政府依從千年教授追本溯源，取用原名 Junk Bay 中文意譯垃圾灣，肯定全區業主房東跟你翻臉。

　　語言的流傳是社會現象。最快流傳出去的往往是常用俗語，罵人的話。香港人常用俗語「仆街」原來意思是有人被絆倒扒在地上。在大街上扒倒被路人側目，自然十分尷尬丟臉，十分之衰。

後來引申為：

今次仆街了！　　　　　（這次把事情搞砸了。）

你去仆街啦！　　　　　（咒罵對方沒有好下場！）

你真是一個仆街！　　　（罵對方是一個壞蛋。）

上世紀香港電影界自李小龍電影後揚名中外，有其舉足輕重的影響力。多年來香港人到北京發展影藝事業，影響所及，「仆街」（書面字或作「扑街」）成為北京影藝圈的流行語，形容票房大虧本，就是票房仆街。北京娛樂新聞報導，亦照用無虞。

夫言非自然一定之物，五方殊俗同事異號，舉一名以為標適也。

三國·嵇康（223年－263年）〈嵇中散集聲無哀樂論〉

嵇康說：言語是沒有一定標準的，各方的人用不同的說法指稱同一事物，舉一個統一名稱，這只是方便大家而已。

《荀子》〈正名篇〉：「名無固宜，約之以命。約定俗成為之宜，異於約者，謂之不宜。」

　　說文解字：宜，所安也。荀子是古代的大思想家，距今二千多年前他就說了：名稱是沒有固定的，大家約好怎樣叫就怎樣叫，這就安了。違反約定的，反而是「不宜」。

　　不宜，就會造成不安。

　　約定俗成。大家都喜歡這樣說，一直說下去就是這樣，沒有對錯。不然，你可以告訴我：為什麼是 Merry Christmas and Happy New Year 而不是 Happy Christmas and Merry New Year 嗎？

第 28 講　西洋拳習字法

中國人教導小孩學寫字，要求同時完成四個目的：

1. 把字寫會。筆劃筆順完全正確，想起或聽到就會寫為之會。寫得清楚明白讓別人能夠看得懂為之會。

2. 把字寫好。臨摹古代經典書法作品的拓本，寫到幾乎跟對方一樣。近代我們被要求學習楷書，主要就是臨摹王羲之，當年有個皇帝，把王羲之（303 年－ 361 年）的不重複的書法字一千個湊在一起，找人搞出了一篇號稱很有意思的「千字文」。

3. 潛移默化。把一篇文章安置進去 你每天拿它作練字藍本，很快就記熟了。配合老師開講，那些句子的道理自然深植腦袋。小學生學寫毛筆字的第一個字帖叫**「上大人丘乙己化三千七十士女小生八九子佳作仁可知禮也」**自千年前的唐朝開始流傳，從小孩學寫字第一天開始你就要記住孔子是個好老師，開始學仁，開始學禮。

4. 藝術修養。書法習練到一定程度，外可追求藝術創新，寫出個人風格，內則修心養性，培養氣質。

　　古人教孩子讀書，要把字寫好，即完成第二階段。因為把字寫會不能顯示教養學識，鄰街客棧茶樓寫菜單的、記帳的，藥材舖開藥方的中醫，旁邊會算命畫符的道士，都會寫字。

　　中國人教導小孩子的方式是用近乎變態的絕對值，例如我不喜歡吃魚，我明明夾了兩塊魚，媽媽會說：你不吃魚。我說：我有。我夾了三塊。媽媽堅持：你沒有吃魚。你要吃光全部我夾給你的魚，才叫吃魚。中國人教孩子寫字，不管你是不是左撇子，必須右手拿筆端正地寫。寫得不漂亮，沒有達到標準，不叫會寫字。

　　古代人教孩子執筆，規矩甚多：

　　1. 古代中國人六歲教唸書，八歲才教寫字，寫的還是軟毛筆字。比起現代人要求小孩三歲就進入幼兒班，四歲就學用硬筆寫字，古代人其實比較愛護孩子的小手。

　　2. 古代中國人寫字不但一鈎一劃要寫得精準，還要寫得端正，最好跟臨帖的水準一樣。寫得醜的就是讀書不多的低級知識分子。

　　3. 古代中國人寫字，必須依照筆劃順序，先上後下先左後右先中間後兩邊，先外框最後關門。

　　4. 古代中國人寫字，叫做書法，著名書法家可以亂寫，叫

做藝術創作，普通人亂寫，叫做寫錯字。

近年歐美學校禁止過早讓學生練習寫字，因為握硬筆（原子筆或鉛筆）的姿勢和用力寫在紙上造成的反作用力，影響小孩子的手部發育。寫英文尚且如此，何況人的手天生是斜著用的，以之端正執筆再寫端正的中文字，手腕是長期處於異常扭曲的狀態了。

中文字是給右手的人寫的，先左後右，先上後下，先開口後關門。用右手寫中文字，手腕向右扭曲 30 度，倘用左手寫中文字，大部分左撇子學生要從身體到手臂到握筆到紙張的置放，都扭曲成一個奇怪的角度。外國人寫英文，從小沒有直上直下的手部練習習慣，也沒有把手腕向右扭曲三十度的股肉訓練，平常連寫 1 字也多數是斜的，一個西方人成年後才開始學中文寫字，單一豎就很難寫正，必須反覆練習很多次。

去年我曾經用一課十分鐘教一個四十多歲外國人寫中文，主要是透過畫圖。先畫一個「田」字，然後畫一橫一豎，橫鉤和豎折（開關引號，中間一個十字）。掌握好後就學會寫**「一二三五七十」**。

第二天十分鐘我給他一個哈哈笑，教他用二點畫眉毛，再畫八字鬍。之後就學會寫「**四六八九**」。

於是他已經學會了寫

一二三四五六七八九十

牛羊馬

日月明

上下卡

小大尖

今天明天昨天

星期一，星期二，……星期天

中文

左右

金木水火土

自由

自己

老外大樂，還把他端正的字體周圍示人。

中文的書法本來就是藝術，更是源於象形文字，當然可以用畫畫的方法教。老外身高六呎，拳頭比碗大，年輕時學過西

洋拳。先學橫豎再學點撇，我跟他說，我是用西洋拳的方法教他，先學左右直拳，再學鉤拳和刺拳，然後組合拳 combo hit，最後一氣呵成。老外聽得頻頻點頭，興趣更濃了。

中文的書法既然是藝術，歷代書法大家對於每一個字又有各種藝術演繹。有古拙的隸書，秀麗的楷書，還有狂放的行書和草書，當中也混入了各種簡筆字和異體字。魏晉時期王羲之的蘭亭集序是千古以來公認「天下第一行書」，據專家說，文中幾個一字，每一個寫出來都不一樣，各有風韻。今天的孩子被要求的，卻是每一個字都要能重複寫得一模一樣，而且只有一種標準寫法。

其實，中國只有一種文字是只有一種寫法的，那就是道士畫的符咒，如果畫錯了，靈界的鬼神看不明白，自然完全無效。今天的畫符道士，看看其書法有沒有古人之風，是不是每張符寫出來都一模一樣，靈不靈就可想而知了！（一笑）

熟畫這三個圖，掌握了筆順和基本形態，簡單的中文字就都會寫了。

第 29 講　我愛你——蝴蝶造句法

　　小學數學告訴我們：兩點之間最短的距離，是直線。

　　語言溝通也是一樣，無論說話或寫文章，兩點最短的距離，令對方最快速清楚明白的途徑，也是直線。

　　說話最簡單的方式，是直接說出一個意思，小孩子說話，都是這樣。

　　我要吃飯。

　　我討厭洗澡。

　　我害怕。

　　哥哥打我。

　　我愛你

　　這是最簡單直接的語句，叫做「直述句」，取其句中最基本的含意，名「中心語」，就是你想表達這句說話的中心思想。這句說話包含了二個部分：

　　其一是主語。誰是這句話的主角？小孩子說話，十句中八句以「我」為主。

其二是謂語。這個誰怎麼了？他是怎樣？還是做了些什麼？如果涉及一個動作，這個動作是否施展在其他什麼人事物之上？

「我愛你」這句說話太簡單。愛情哪有這麼簡單？為了表示誠意，感動對方，不妨補充一下。

平凡的我（補充主語）

深深愛上（補充動詞）

美麗的你（補充賓語）

這一句由三個字變成十二個字，多了不少意思。但每個平凡的男孩子都這樣說，女孩子就覺得沒有意思了。女孩子笑笑，拒絕了他。

男孩子平伏了傷心之後，不久又愛上女孩子二號。他說了同樣的話。

女孩子二號皺眉：「你愛上我，怎麼證明？」

男孩子說：「自從我愛上你後，每天在床上滾來滾去睡不著啊。」

女孩子二號搖了搖頭，還是拒絕了他。

他也漸漸懂得世故了，原來這世界重男輕女，一個男孩子向一個女孩子示愛，如果當場被拒絕，就會很丟臉。於是第三

次說話他學會了間接一點：

每一個平凡的男孩子都會愛上你這個漂亮的女孩啊，日思夜想，如果追求不到你，晚上就會在床上滾來滾去睡不著。

女孩子三號可能會問：「你怎麼知道？」

男孩子：「我當然知道啊，如果我不是深深愛上你的那個人，我怎麼會知道他晚上翻來覆去睡不著呢？」

聰明的女孩子三號當然明白他的暗示，拐著彎在說「我愛你」。

如果把男孩子這一次的示愛宣言修飾成更漂亮的語句，就是

窈窕淑女，君子好逑。求之不得，輾轉反側。

女孩子三號覺得這男孩子說話有點意思，就問：「真有這麼想念嗎？你怎麼證明？」

男孩子說：「我對你日思夜想，想到連吃都沒有胃口了，人也瘦了。我繫緊衣服的帶子本來這麼長，現在卻都鬆脫下來了；我本來臉色紅潤精神飽滿，現在垂頭喪氣，黑眼圈也都跑出來了。不過我還是堅持著每天在想你啊。」

修飾成更漂亮的字句，就是

衣帶漸寬終不悔，為依消得人憔悴。

女孩子三號大為感動，就接受了他的追求，二人成為愛侶。

以上就是蝴蝶造句法的基本概念，對於語言初學者來說，無論讀或寫，先決定自己要表達的中心語是什麼？其他的部分，說得漂不漂亮，只是針對句中不同部分的補充，或轉換了修辭，改變了用字。此中千變萬化，是因應每個人的生活背景、學識和創作能力去決定。

例如你要追求的女孩子是唸科學的，你的說法也可以很科學：

這個世界沒有水就沒有人活得了。而水是由二個元素構成的，我是 H 你是 O，我們結合在一起才是一顆完整水份子，而我會雙倍的對你好……

豐富修辭的方式有兩種，一種在原來的中心語用字上擴充，如「平凡的我」、「深深愛上」、「美麗的你」。另一種是利用比喻或借代，把原來的中心語用字替換掉。再舉一例：

時間過得真快。

你可以轉換成：

光陰似箭。

「光陰」替代了「時間」,「過得真快」用「似箭」來形容。舉凡使用到比喻,意思就會複雜了,可能隨時多於一個意思:你是要比喻時間像箭飛得那麼快,晃眼間就跑掉了很多時間?還是要比喻時間像箭般一去不回,慨歎生命短暫呢?聰明的文人覺得兩個意思都好,一語雙關更值得玩味,他兩個意思都要,甚至寫成:

君不見黃河之水天上來,奔流到海不復回。
君不見高堂明鏡悲白髮,朝如青絲暮成雪。

李白〈將進酒〉節錄

這兩句,正是「光陰似箭」上面解讀的兩個意思。時間就像黃河的水流從天上高處一路狂奔到東海,永不停息,永不回頭;時間又像你在照鏡子,早上照時明明頭髮烏溜溜,到黃昏時頭髮已經變成雪花白:時間過得真快,生命真的是短暫啊!

從應用語文演變成文學,大概就是這樣演變出來的。進入文學的領域,中文文學力求婉轉,凡事都會拐個彎,不會直接去說。甚至全部打亂重組,讓你慢慢去猜他是否話中有話?是不是在說反話?有沒有言外之意?

把愛轉換成思念，極力描寫思念的情形，是一種婉轉含蓄的表達。把修辭轉換成科學術語，也只是一種幽默的表達方式。而無論你的造句多漂亮，如果你站在路中心沙塵滾滾，身邊人來人往，車來車往，聲音嘈雜得要用大聲喊的，這時候你要跟對方說「我愛你」，你覺得你示愛成功的機會高不高？

　　最低限度，你應該會舖排一個電視劇情節：例如先去吃個晚飯，看場電影，說說笑聊聊天，感覺她愈靠愈近，你就帶她愈行愈遠，直到一個安靜的花前月下，無人干擾，你才把你想了三日三夜的「我愛你」第三十三個版本說出來，成功率會不會比較高？

　　就像一隻蝴蝶畫在白紙上，如果周圍什麼都沒有，這蝴蝶再漂亮也是怪怪的，於是你會為周圍創造些氛圍，畫幾朵花，畫一些其他蝴蝶襯托，畫藍天白雲，營造春天的氣息。想要造句漂亮，前前後後可能還需要這些舖陳，才顯得豐富。

　　這就叫做「舖陳氛圍」。小至一句話，大至一篇文章，造句優美之外，最重要還是要舖陳。舖陳有各種技巧，由景入情，情景交融，夾敘夾議，甚至直接寫一個故事，從頭到尾不點破，也都可以。有人說整部《西遊記》就是一篇大寓言，唐僧四師徒代表了人性的四方八面：唐僧代表理想卻固執，悟空代表能

力卻驕傲，八戒代表慾望卻感性，沙僧代表平庸卻安份。四師徒往取西經，途中各種驚險際遇，都是為了考驗人性，呈現人性。

《西遊記》共寫了 62 萬字，一場成就功德的旅程。閱讀每個情節，你可能都感受到不同的人性，而有所共鳴，由此成就了這部中國歷史上最神奇的幻想小說。

在文章的角度，舖陳就是如何布局說好一句話、寫好一篇文章，這與句子修辭是否優美其實無關。用最簡單的直述句說故事，一樣可以說得很精采。隨著閱讀量的增加，只要有人指點，舖陳的技巧會愈來愈好，進步空間始終在於反覆練習寫作和說話。

《西遊記》小說中，更有很多優美如蝴蝶的造句：

1. 千里姻緣使線牽。（今說：千里姻緣一線牽。）

2. 嫁雞逐雞，嫁犬逐犬。（今說：嫁雞隨雞，嫁狗隨狗。）

3. 一言既出，駟馬難追。

4. 不受苦中苦，難為人上人。（今說：吃得苦中苦，方為人上人。）

5. 世上無難事，只怕有心人。

6. 三年不上門，當親也不親。

7. 求神問卜，不如自己做主。

8. 溫柔天下去得，剛強寸步難移。

9. 我走得再遠也走不出這片天空。

10. 教訓不嚴師之惰，學問無成子之罪。

11. 勿以善小而不為，勿以惡小而為之。

12. 人生何處不相逢。

13. 山高自有客行路，水深自有渡船人。

14. 自古多情空餘恨。

15. 今朝有酒今朝醉，莫管門前是與非。

16. 得饒人處且饒人。

17. 打虎還得親兄弟，上陣須教父子兵。（今說：打死不離親兄弟。）

18. 人逢喜事精神爽，悶上心來瞌睡多。

19. 世間事常難遂人願，且看明月又有幾回圓。

20. 女兒國國王癡癡地望著唐僧，說：「你說四大皆空，卻緊閉雙眼，要是你睜開眼睛看看我，我不相信你兩眼空空。不敢睜眼看我，還說什麼四大皆空呢？」

不妨以此為練習，寫出以上 20 句的中心語。

中文在過去 2500 年一路進化成一隻七彩斑斕的美蝴蝶，在

花前月下的氛圍飛來飛去，繞了一圈又一圈，女孩子終於不耐煩：「你就不會簡單跟我說一句我愛你！」

蝴蝶的翅膀無論打扮得多漂亮，最重要還是身體的主幹。假如中心語無法表達成功，任你寫得再花俏，也不過是一篇廢文而已。

結果漂亮善良的女孩子，都被那些不要臉的只會說三個字的男孩子追走了……

參考答案：

1. 姻緣可以連結一段不可能的關係。

2. 嫁給誰就忠貞誰。

3. 話說出來就無法挽回。

4. 愈能吃苦人愈優秀。

5. 志可克難。

6. 不關心你的親人其實不算親人。

7. 自己做主，不要依賴別人。

8. 懂得溫柔凡事比較順利。

9. 我永遠在天空之下。

10. 老師不嚴格是老師懶惰，學生沒有學成是學生的過錯。

11. 善事小也要做，惡事小也不能做。

12. 我們一定會相遇。

13. 任何困難都有人可以解決。

14. 從來多情到最後都只餘悔恨。

15. 及時行樂，不管閒事。

16. 可以原諒就原諒。

17. 親兄弟親父子就該同心協力面對挑戰。

18. 人遇到好事就有精神，遇到悶的事就自然沒有精神。

19. 世事通常很難如願。

20. 女兒國國王對唐僧說：「你不敢睜開眼看我，就是對我有情。」

❖**蝴蝶造句法**

　　不必拘泥文學理論或正統語法，以此簡單的結構進行造句和作文訓練，反覆練習和自省，進步必快！

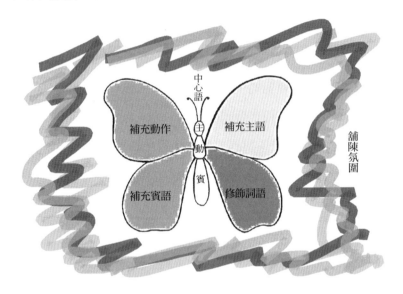

中學生應否談戀愛——學寫議論文

　　平常我最喜歡看見兩個小孩在吵架，這種事情幾乎每個禮拜都會發生，是訓練辯論思維的好機會。我跟他們說：你們每人舉出理由說明自己是對的，理由比較多的人勝利，如果一比一，只是打成平手，就握握手做回好朋友。

　　下一次，他可能先想好三個理由，才會開始生氣。議論文寫作，對邏輯思維和社交情商都是很好的訓練。

　　今天女兒來問：中文科作文考試，應如何選題才能確保拿高分？

　　通常問這問題的人，中文科考試成績不會太差，但對自己的中文作文水準其實沒有太大信心，選對題目，可得 B 以上，選錯了，隨時拿個 C。

　　其實你只要想想評分的人是誰就知道了。評分員通常是老師，晚上不睡覺加班評改你們這些黃毛小子丫頭的試卷，你們的無病呻吟他都經歷過了，很難會有什麼驚喜，你們的新一代青春生活和新時代價值觀他未必能夠體會。所以如果你寫記敘

文，難免情節平淡；寫抒情文，何等濫情造作，結果都容易被扣分。

　　所以，應付考試，最安全是寫議論文。雖說急就章，無法搜集完整資料，但論說文的結構，點到分到，對於表達要求精確，卻不必特別修辭豐富。安全拿分，最好是選擇議論文。

　　例如：

　　＜中學生應否談戀愛＞

　　第一段：中學生不應該談戀愛。（立論清楚，得分）

　　第二段：理由一，求學時期，學業為重，影響專注力的事情均應避免。（得分）

　　第三段：理由二，情竇初開，不懂拿捏感情，容易深受傷害。（得分）

　　第四段：理由三，青少年個性未發展成熟，當初的選擇最後都難成正果，可以預測必定分手收場，傷心結尾，最後愛情沒有了，學業又退步了，福無重至，禍不單行。（再得分）

　　結論：綜合以上論點，中學生不應該談戀愛。（得分。）

　　中間二三四段得分的理由是你能夠提出三個不重複的論點而各自大致上能夠言之成理，所以得分。然後只要小心不寫錯字，保持整潔，用辭精確平實，內容得分，結構得分，整體上就差不

到哪裡。

（我留意到我一邊講女兒一邊在斜眼皺眉……）

當然，想拿更高分，可以加一段反切，例如：

＜中學生應否談戀愛＞

第一段：社會應該接受中學生談戀愛。（立論清楚，得分）

第二段：理由一，戀愛是人生的自然階段，情竇初開，互相吸引，愛慕之情就自然會發生。（得分）

第三段：理由二，中學是完成身心發育、長大成人的重要階段，談戀愛是成為成年人的重要洗禮之一。（得分）

第四段：理由三，強行阻止中學生談戀愛，是虛偽專制，違反自然，難為教育之表率。（再得分）

反切：有說：中學生談戀愛，學業成績下滑，甚至造成未成年懷孕或為情自殺等社會問題，此行為風險如此大，豈可鼓勵？

其實不禁止不代表就鼓吹贊成，何況壓逼力愈大反抗力愈強。讓年經人自然發展，學懂愛惜自己，守之以禮，理性分配生活重點，以今天中學生的早熟，他們必將更順利更快速地成

長為一個成熟理智的大人。（加分）

何謂反切？就是故意從對立面提出問題，再行攻破。

結論：綜合以上論點，中學生談戀愛只是順其自然，是正常的。（得分）

如想再加一點分，結論可以先拋個小書包：

例如：

古代＜關雎＞這一首詩正是描述年輕男女愛慕之情。＜關雎＞是詩經的第一首詩，由萬世師表孔子親自編審。孔子說：詩三百，一言以蔽之，思無邪。可見年輕男女談戀愛是無邪之愛，連孔子都贊成。

綜合以上論點，中學生談戀愛只是順其自然，是正常的。

書讀得不夠多拋書包容易露出馬腳，放在開頭或結尾輕輕帶過就好，千萬不要放進重點，免得又長又臭，破綻百出。

（我偷看到女兒眉毛鬆開了，頭輕輕在點。）

不過我還是特別補充：大部分老師傳統上對某些行為是「原則上」不贊成的：例如中學生談戀愛、中學生飲酒、大學生放棄學位去創業、小學生玩手機、學生沉迷電玩遊戲……等等。既然要搶分，就不要挑戰評分員的偏好啦。

跋 1　謝師一：天下最討厭的科目

傳統中文寫作訓練，是用來訓練失敗者的。

天下最討厭的科目，莫如中文作文課。你可能從小一到高中畢業都沒有拿過六十五分以上，得到六十分就是老師莫大的恩惠。最高分了不起拿個七十五，如果你有幸拿到八十分或以上，你的作文未必真的很好，但你的書法和操行肯定是最好的。今天的作文科評分可能更改了評分制度，或以 10 分或以 50 分為滿分，不過打八折已經是優等，學生的平均得分永遠在 40% － 60% 之間，即使不沮喪，也絕不會感到鼓舞。

數學總有機會得滿分，中文寫作科從小一到高中畢業永遠在低點輪迴，不是在訓練失敗者是什麼？長期作文低分的後遺症卻是：你總是覺得自己的中文程度普普通通，羞於見人。

16 歲升讀理科班，班上不是波牛就是數理狂人，來了個瘦皮猴一樣的新中文科老師姓郭，聲音宏亮，但體型瘦小，怎麼看就是個文弱書生。雖然只是高中生，在同一個校園我們卻混到第十年了，這姓郭的新丁跑進來，如東郭先生誤入狼群，我們私下就叫他東郭先生。那年的公開試中文考綱其中一課，是＜中山狼

傳＞。

　　這群理科狼只準備把數理化科目考好順利升讀大學，對中文向來敷衍了事。東郭先生初來甫到眼神似有些畏怯，說說課文，閒扯些故事，不無自嘲，目的當然只是為了拉近彼此的關係。例如說到孟子的＜魚與熊掌＞，他顯然是個孟子迷，說得眉飛色舞，滔滔不絕，但年代久遠，大家對孟子實在無感，最後他神情似乎有點沮喪，突然在黑板上畫了個方形，再在外面畫個圓形，說為人外圓內方，自嘲東郭本人其實很有原則，但為了因勢利導，只好跟你們陪陪笑臉，說說笑話…… 我見他親切坦誠，居然又多留心一點。

　　某天作文課，他突然說：「古 XX 同學是上次作文得分最高的，我照公開試評分方式作了評分和修改，現在我讀一次……」在這間傳統學校讀到第十年，從未有過這種待遇：我們居然在中文課堂上有發表權！

　　這次作文課之後大家逐漸不一樣。東郭先生平常本來講解之外就會說說故事聊聊人生，然後又分析一下考試的舊題目，得分重點，現在開始更容許發表，於是大家開始試探性問書，然後問書變成鋤書，批評書本的不足，內容之不合理。東郭有問必答，隨便你問，大部分問題都能應付，顯然備課充足。狼

群鬥性堅強，從舉手發問變成站著不肯坐下，要辯贏老師或得到合理答覆為止。某次辯論隊的隊長陳公子與東郭堂上爭辯相持不下，良久良久又良久⋯⋯最後靠下課鐘解圍。

作文課題目很寬，有時候就一個＜秋＞字，有時候就一個＜海＞字。某次我寫了篇散文詩，東郭居然也照唸了。隔天他找我聊天：「這文章寫得好我評分高是我會欣賞，作文考試就不要那麼任性了，大丈夫能屈能伸⋯⋯」過沒多久老友四眼明寫了篇古龍體的小說，寫得太好了，那個開頭我現在還記得：「秋。殘秋。楓葉在風中飛舞。⋯⋯」那次作文我輸得口服心服，東郭果然評他最高分，也照唸了。事後四眼明說東郭找了他聊天，我笑問「是不是叫你大丈夫能屈能伸，考試不要做傻事？」四眼明大笑點頭。

印象中為了曹禺的＜日出＞和馬中錫＜中山狼傳＞錄過兩次播音劇，玩得不亦樂乎。雖然最終作文評分從未超過 72 分，但我書法既醜、品行也不優，依據評分標準 80 分封頂來看，拿過兩三次 70 分以上，已經十分鼓舞。那年大家備戰中文科公開試，人人信心十足，如有神助。

東郭先生苦口婆心，重複最多次的就是「扣題」二字。寫文章任你飛到天涯海角遠，一定要拉得回來，緊扣主題不放。

自此回答試卷題目，或寫任何文章，我必緊記「扣題」二字，一生受用。

　　一個人從幼稚園唸到大學畢業，都是在學習自立，盡其所能在進入社會前吸收學習各種基本知識，每一位老師都可謂啟蒙老師。即使方法未必是最好，但已盡心盡力（不負責任者除外），讓學生成長進步。我雖對傳統教學許多無理之處深惡痛絕，對於為人師表者誠心正意傳授知識給下一代的貢獻卻由衷致敬。謝謝各位老師。

　　郭端生老師應是我人生最重要的寫作啟蒙老師，感激在心。順祝安好。

　　第二年公開考試，這群理科狼拿最多 A 的科目除了數學，就是中文。

　　數學，我們厲害了一輩子；中文，就認真學過這麼一陣子。

　　謝謝郭老師。

曾孟卓

二零二一年　春

跋 2　謝師二：曾老師

　　曾老師不是我的老師，他是我的爸爸。我曾經在幾個不同地方發表過一些文章公開提及他，文中都叫他老頭子。

　　我自小與老頭子個性不合。老頭子個性篤實，為人嚴肅認真，做事一絲不苟，在大學任教中文三十五年，學問紮實。我是個不肖子，生性粗疏，虎頭蛇尾，套用老頭子的評語：任性、不仔細、無耐心。某年我寫了幾篇文章，提出幾個想法，只為跟退休多年的老頭子抬抬槓找些話題，投其所好，豈料老頭子竟然破天荒十分肯定。本打算蒙混過關，誰知老媽還會三不五時傳我手機短訊催稿。

　　這一寫下去，把自己多年來的一點學習心得挖空榨乾不夠，讀了不少絕版參考書，還去考了幾張專業教師執照，親上戰場教了一些六歲到四十歲的中外學生。從第一天跟他談到幾個話題到今天，晃眼四年。人生，似乎從無如此認真過。經此一役，獲益良多，才發現又中了老頭子的奸計。

　　我中學唸理科，大學唸商科。老頭子從不鼓勵我讀文科，他說文科自己喜歡就自然會。他沒說的是家裡本來就有個超級好

老師，他偷偷在訓練我。莫名其妙丟給我一套書，就要我看完：讀完《東周列國故事新編》，學會簡體字，還迷上了成語；讀完《足本三國演義》，我看懂了簡單文言文，自己主動去找《水滸傳》、《西遊記》，迷上中國古代的歷史和兵法；某年暑假丟給我另一本書《英文打字練習》和一部打字機，我又學會了英文打字。

某天老頭子突然要教我和弟弟英文國際音標，他說很重要，花了兩個晚上，是一生中老頭子花最長時間給我兄弟正式講課的一次，之後給我們一本《牛津英文字典》，就說裡面的字你看音標就都會讀了。我弟弟當年十歲，他說不難學，一學就會，現在還懂得使用。過幾年家裡有了電腦，他丟給我一張＜大易輸入法對照表＞，一份我完全看不懂意思的數萬字的論文，打完，我又學會了電腦中文輸入。為什麼他這麼有把握？原來他一直有在觀察我的進度。每回完成挑戰，我就學會一技，終身受用。

他跟我下了三四年的棋，大概九到十二歲，玩彈珠跳棋是三打三，進攻是每人掌控三個地盤互相鋪橋搭路，三十顆彈珠鬥快攻進對方地盤，防守是阻斷或故意堵塞對方的出路，最後用珠算盤打得劈啪響計步數分。彈珠在自己家中逃得慢還會被困，分數扣雙倍。後來我的分數逐漸跟他接近了，他就搬出一

副中國象棋。

下象棋是一星期約四五次，每次二小時到十小時，老頭子一喊下棋，我的心中就發抖。記得有天從早到晚擺了一百幾十局，已經弄了十三四小時，愈是發脾氣，愈是輸得快，輸了又重來。小時候我覺得他不近人情，到我自己當爸爸後覺得他簡直是瘋狂，一個成年人每天工作煩惱多壓力大已經夠忙了，不斷找一個小自己三十歲的小孩做對手，贏此無聊的棋局三四年不倦，有什麼好處？自己當爸後某天我終於忍不住直接問他，他說只為要訓練我習慣思考並培養耐性。我笑說：「你的訓練最失敗就是這次了，我拿了二次學界象棋冠軍，但沒有練到耐性，衝動是天生的。」頓了一頓，快速反省後我補充說：「不過小時候我輸夠多輸習慣了，踏足社會，最不怕就是失敗後重新再擺一局。」他為我付出的無聊時間，遠比我能付出給我女兒的多百倍。

小時候的家，周圍都是老頭子的書。老頭子天天看書，手不釋卷，卻很少借我。他平常臉色又黑又嚴肅，跟我從不說閒話，我自然也不敢問他借。愈是借不到，愈是想看，於是隔著書櫃玻璃抄了書名，就往圖書館找。他從不干涉我看什麼書，有沒有認

真在應付考試。上世紀的八十年代，電視幾乎是唯一的娛樂，遙控器在他手裡，晚飯後他要看什麼我和弟弟就跟著看什麼，他關機我們就要睡覺。看電視他會自言自語，或跟老媽閒聊，這個劇情不合理，那個角色有問題，偶然說說這劇是偷了哪本小說的橋段，這一段又是抄襲哪一部經典電影，我默默坐在旁邊聽，過幾天我又偷偷去圖書館借原著。整個中學我讀了大量中外小說，看了無數中外電視劇和電影，書單多數是因為看電視時聽老頭子提起。

我十五六歲家裡就有兩部電腦，一部他的，一部我們的，又有兩部錄像機，可以把電視內容錄來錄去進行剪接，並配上自己喜歡的音樂。老頭子至今津津樂道，說家境不好，下了很大決心才投資這幾件大玩具給我和弟弟。

老頭子的古怪訓練還有很多，跟語文學習或頭腦訓練無關的，就不細說了。說起下棋和看電視，是要說明我家的推理訓練和影像訓練其實也從未曾少過。老頭子施於我身的，是一種默示教學法（The Silent Way）。

今天因為沉默的老頭子，我又完成了一項挑戰，做學問的仔

細和耐性，似乎大有進步，不過任性是天生的，疏狂是本性。老頭子大概不會承認我是他的學生，我的許多觀念他也未必同意。這世界如要進步，下一代總不能太聽上一代的話。此生寫過這麼一本書，讓老頭子看得點幾下頭又搖頭罵兩三句，挑戰一下老頭子的專業領域，已經十分過癮。此書的選材和行文用語，涉及的理念和講解，相信天下以中文為母語接受過普及教育的父母皆能讀懂；娛己娛父之外，倘有一些副作用，希望能夠激發大家以中文有趣的一面，傳承下一代。

謝謝曾老師。

曾孟卓

二零二一年　春

後記

此書完稿後小心奕奕於出版前呈老頭子過目，原意邀他寫個序，老頭子堅拒，說歷史上從無老頭子幫兒子寫序之事。老

頭子指點了幾個明顯漏洞要求修補後，大聲抗議，說他一直很樂意借書給我讀，而且不會口黑面黑，是我以郁達夫筆法，故意寫到自己很可憐，以博取讀者好感……云云。是時，老媽在旁邊大聲附和，說她也冤枉，這從來不是她的作風：不會強逼我吃我不愛吃的魚……（下略）

我大力點頭，補記如上。反正此書寫得熱熱鬧鬧，大家讀得開心就好。童年往事，幾十年後連親身經歷的幾個當事人記得的都不一樣，千百年前的歷史紀錄怎麼說，就更不要盡信了。

〈完〉

五花馬非馬——中文不古板，經典舊案翻一翻

作　者／曾孟卓
美術編輯／了凡製書坊
責任編輯／twohorses
企畫選書人／賈俊國

總 編 輯／賈俊國
副總編輯／蘇士尹
編　　輯／高懿萩
行銷企畫／張莉榮‧蕭羽猜

發 行 人／何飛鵬
法律顧問／元禾法律事務所王子文律師
出　　版／布克文化出版事業部
　　　　　台北市中山區民生東路二段 141 號 8 樓
　　　　　電話：(02)2500-7008　傳真：(02)2502-7676
　　　　　Email：sbooker.service@cite.com.tw
發　　行／英屬蓋曼群島商家庭傳媒股份有限公司城邦分公司
　　　　　台北市中山區民生東路二段 141 號 2 樓
　　　　　書虫客服服務專線：(02)2500-7718；2500-7719
　　　　　24 小時傳真專線：(02)2500-1990；2500-1991
　　　　　劃撥帳號：19863813；戶名：書虫股份有限公司
　　　　　讀者服務信箱：service@readingclub.com.tw
香港發行所／城邦（香港）出版集團有限公司
　　　　　香港灣仔駱克道 193 號東超商業中心 1 樓
　　　　　電話：+852-2508-6231　　傳真：+852-2578-9337
　　　　　Email：hkcite@biznetvigator.com
馬新發行所／城邦（馬新）出版集團 Cité (M) Sdn. Bhd.
　　　　　41, Jalan Radin Anum, Bandar Baru Sri Petaling,
　　　　　57000 Kuala Lumpur, Malaysia
　　　　　電話：+603- 9057-8822　　傳真：+603- 9057-6622
　　　　　Email：cite@cite.com.my
印　　刷／韋懋實業有限公司
初　　版／2021 年 03 月
定　　價／300 元
Ｉ Ｓ Ｂ Ｎ／978-986-5568-28-3

城邦讀書花園　布克文化
www.cite.com.tw　www.SBOOKER.COM.TW